砺儒教育学术丛书

丛书主编 李盛兵

教育政策执行中的转译方式

陈雄飞◎著

广东高等教育出版社
Guangdong Higher Education Press
·广州·

图书在版编目（CIP）数据

教育政策执行中的转译方式 / 陈雄飞著. --广州 : 广东高等教育出版社，2025. 8. --（砺儒教育学术丛书）. --ISBN 978-7-5361-7956-1

Ⅰ. G520

中国国家版本馆 CIP 数据核字第 2025YN6049 号

书　名	教育政策执行中的转译方式 JIAOYU ZHENGCE ZHIXING ZHONG DE ZHUANYI FANGSHI
出版发行	广东高等教育出版社 地址：广州市天河区林和西横路 邮政编码：510500　电话：（020）87553335 http://www.gdgjs.com.cn
印　刷	广州小明数码印刷有限公司
开　本	787 毫米×1 092 毫米　1/16
印　张	11
字　数	272 千
版　次	2025 年 8 月第 1 版
印　次	2025 年 8 月第 1 次印刷
定　价	39.00 元

序

XU

教育政策执行中，转译存在两层含义。第一层是政策执行者用自己的言语对政策文本进行理解和描述；第二层则是政策执行者根据自身情况在政策执行中做出行为选择，确定应对策略。转译就是个体对政策的言语应答和行为应对。在教育政策执行研究中引入新思路，关注教育政策执行微观层面的具体个体，观测其言论、心理状态、行为倾向和选择，并进行整合性分析，有着重要的理论意义和实践意义。

结合“双减”教育政策执行过程中涉及的各种机构和个体情况，可以将不同群体作为不同分析单元，即政府部门及其工作人员、教培机构及其从业人员、学校和教师、家庭和父母、作为学生的儿童。对不同分析单元的政策执行情况进行考察，进而总结不同的转译方式。

政策执行首先依托的是政府部门及其工作人员。从作为试点城市开始，广州市考察政策执行成效的重要维度是校外培训机构的审批和管理。政府部门通过对校外培训机构进行管理来推动“双减”政策执行。广州市政府各部门中，教育局是“双减”政策执行的核心行动者。广州市教育局在“双减”政策执行中获得的是“结构性权力”，而非“制度性权力”。政府部门工作人员在政策执行中会关注政策的推动者是谁，判断该如何推动，总体来说呈现出符号化、身份化、策略化三种转译方式。

作为政策执行者，教培机构及其从业人员根据“双减”政策对业务方向进行调整，大机构基本不再涉及义务教育阶段学科类培训，较好实现了“双减”政策目标中的减轻“校外培训负担”。在政策执行过程中，教培机构及其从业人员首先对“双减”政策进行了符号化转译，即有关党和国家大事的方针、政策要无条件执行；其次进行了身份化转译，从身份角色出发理解政策；最后进行了策略化转译，如通过调整业务赛道来推动政策执行。

学校和教师是实现“校内减负”的单元。首先，教师群体在“双减”政策执行过程中积极响应号召，遵守“双减”政策对作业减负的要求，体现了教师在政策执行中的符号化转译。其次，基于作为专业工作者对教育教学的理解，教师在政策执行过程中进一步思考“双减”与学生成长的关系，体现了教师在政策执行中的身份化转译方式。最后，在政策执行过程中，由于自身的事业编制人员角色，教师往往会对政策进行策略化转译。

家庭是社会的基本组织结构，在法律上负有家庭教育主体责任。而在教育政策制定和执行过程中，家庭往往容易被忽视，家庭的权责未受到充分重视。作为“双减”政策执行网络的核心行动者，家庭的态度和行为必然会影响政策执行效果。家庭在“双减”政策执行中呈现不同类型，在转译上同样可归纳为符号化、身份化及策略化三类。

作为学生的儿童在“双减”政策执行过程中也呈现出符号化、身份化、策略化的转译方式。“不用做作业了”“做自己喜欢的事”就是一种策略化转译方式。在教育政策制定和执行过程中，儿童的声音必须被听到，且要以儿童利益为出发点。儿童可以通过参与的方式逐步实现在教育选择等方面的自主权。在为儿童做教育选择或决定时，应从三个部分进行综合考虑，即儿童的声音、成人的个人知识和专业知识、对儿童的关怀。

基于对以上不同群体的考察和分析，可以发现，在“双减”政策执行过程中，不同群体都呈现出三种基本转译方式，即符号化转译、身份化转译和策略化转译。在“双减”政策执行过程中，不同行动者通过不同转译，构成多样态的行动者网络。个体在面对世界变化或政策变动时的本能反应是与政策执行模式相关联的，不同执行模式体现了不同转译方式。

最后提出建议：教育政策应相互支持和配套；应进一步界定和兼顾教育公平；应实现政策评估多元化；政策执行研究不应停留于“成败说”；教育政策执行研究方法可更加多元化；等等。

目录

引　言

YINYAN

综观国内研究项目申报或学术著作撰写等，总有一个绕不过去的环节，即研究者回答为什么要开展此项研究、研究的缘起和意义。这便涉及价值追问，这种价值可以包括个人兴趣、学术背景乃至纯粹理想。可以用马克思·韦伯（Max Weber）的“价值关联”（Wertbeziehung）来解释，即“社会科学工作者依据一定的价值与一定的实在发生联系，它的作用不是凭借概念把握对象，而是对具有独特性质的对象采取一种态度，一种评价的态度”①。“一个社会现象需要从多种原因上加以说明，至于这些不同原因应赋予何种地位，则全由研究者本人的‘历史兴趣’亦即个人的价值取向而定。”②

笔者长期关注社会学相关理论进展和研究，有从社会和文化视角看待问题的敏感性，故以政策执行过程中人们的话语和行为选择作为主要观测点，对教育政策执行研究进行拓展，寻求理论价值和意义。笔者曾

---

① 韦伯. 社会科学方法论［M］. 韩水法，莫茜，译. 北京：中央编译出版社，1998：汉译本序.

② 苏国勋. 理性化及其限制：韦伯思想引论［M］. 上海：上海人民出版社，1988：266－267.

就教育术语的翻译进行专门研究，撰写《从“全人教育”英译看教育术语的外化》一文，对翻译和转译问题有一定了解，故基于个人研究旨趣聚焦于人们对政策的转译方式。而将“双减”政策作为研究案例，也是回应政策执行的现实需要。本书正是在此背景下体现个人研究兴趣与回应社会现实的作品。

一、回应“双减”政策的现实需要

2021 年 4 月 8 日，教育部办公厅印发《关于加强义务教育学校作业管理的通知》，将禁止留作业作为对校外培训机构进行日常监管的重要内容，意在实现校内减负和校外减负。2021 年 6 月，教育部成立校外教育培训监管司。2021 年 7 月，为持续规范校外培训，有效减轻义务教育阶段学生过重作业负担和校外培训负担（简称为“双减”），中共中央办公厅、国务院办公厅印发《关于进一步减轻义务教育阶段学生作业负担和校外培训负担的意见》。本书将意在“减轻义务教育阶段学生过重作业负担和校外培训负担”的相关政策统称为“双减”政策。

“双减”政策涉及不同部门和领域。围绕“双减”的推进，将相关政策情况整理如下。

2021 年 7 月，《关于进一步减轻义务教育阶段学生作业负担和校外培训负担的意见》（以下简称为《意见》）出台。《意见》提出，线上培训机构不得传播“拍照搜题”等惰化学生思维能力、影响学生独立思考、违背教育教学规律的不良学习方法。《意见》要求切实提升学校育人水平，持续规范校外培训（包括线上培训和线下培训），有效减轻义务教育阶段学生过重作业负担和校外培训负担。《意见》对全面规范校外培训机构进行了明确规定，释放了营造良好教育生态的信号。

2021 年 7 月 28 日，教育部办公厅发布《关于进一步明确义务教育阶段校外培训学科类和非学科类范围的通知》，明确义务教育阶段校外培训学科类和非学科类范围。

2021 年 8 月，国务院教育督导委员会办公室印发专门通知，拟每半月对各省“双减”工作落实进度通报一次。各省自 2021 年 8 月 30 日起，每月 15 日和 30 日前，报送“双减”工作落实进度，国务院教育督导委员会办公室在汇总分析后形成专项督导半月通报。通报重点是各地作业时间达标学校情况、课后服务时间达标学校情况、学科类培训机构压减情况、违规培训广告查处情况和群众举报问题线索核查情况等。通知强调，为加大工作督促力度，推动问题及时整改，国务院教育督导委员会办公室将建立“双减”曝光台，对该落实、能落实而不落实的工作，或经多次通报仍整改不到位的典型问题，直接在媒体上曝光，并依据《教育督导问责办法》启动相关问责程序。

2021 年 8 月 24 日，教育部公布校外教育培训违规行为处理典型案例，被通报的案例有：北京市查处“在职教师违规补课”的案例、浙江省查处“无证办学”的案例、湖南省查处“培训机构违规收费”的案例、福建省查处“发布虚假广告”的案例、江苏省查处“内外勾结、监管失职”的案例。以上案例为如何开展专项整治提供了范例和指引。

2021 年 8 月 30 日，教育部基础教育司介绍秋季学期中小学教育教学工作时表示，2021 年秋季学期是中小学全面落实“双减”有关部署要求的第一个学期，新学期开学后，义务教育学校要严格执行均衡编班的法律规定，不得以任何名义设置重点班，切实做到均衡配置师资。9 月 3 日，教育部办公厅发布《关于坚决查处变相违规开展学科类校外培训问题的通知》。

2021 年 9 月，教育部办公厅、人力资源社会保障部办公厅联合印发《校外培训机构从业人员管理办法（试行）》，主要从招用条件、招用程序、从业禁止、行为“红线”、监督检查、处罚制度等方面做出规定，旨在引导校外培训机构建立健全相关管理机制，坚持用人标准，规范招用程序，优化人员结构，提高人员素质，不断提升培训服务质量。首次提出从业人员的结构性要求，明确机构专职教学、教研人员原则上不低于机构从业人员总数的 50%；面向中小学生、3 周岁以上学龄前儿童的线下培训，每班次专职教学人员原则上不低于学生人数的 2%、不低于儿童人数的 6%。明确从业禁止条件，机构不得招用两类人员，即纳入“校外培训机构从业人员黑名单”管理的、受到剥夺政治权利或者故意犯罪受到有期徒刑以上刑事处罚的。

2021 年 10 月，教育部召开全国“双减”试点地区工作推进会。会议要求，各试点地区要立足当地实际，针对需要，抓紧研究出台相关细化政策，为基层抓落实做好保障。攻坚克难要有新突破，落实好“双减”政策要求，做好学科类培训机构“营改非”“备改审”，实行政府指导价，控制作业总量和时长，课后服务经费保障等工作，在关键环节取得实质性突破。

2021年11月3日，市场监管总局、中央宣传部、中央网信办、教育部、民政部、住房城乡建设部、国务院国资委、广电总局等八部门联合发布《关于做好校外培训广告管控的通知》，提出要严格落实有关政策文件要求，不区分学科类、非学科类，要确保做到主流媒体及其新媒体、网络平台以及公共场所、居民区等线上线下空间不刊登、不播发面向中小学（含幼儿园）的校外培训广告。要集中时间、集中力量对主流媒体及其新媒体、网络平台以及公共场所、居民区等线上线下空间校外培训广告开展全面排查，清理存量，杜绝增量。要综合运用舆论引导、企业自律、行业管理、市场准入、监管执法、社会共治等多种手段，确保“双减”政策要求落实到位。

2021年11月8日，教育部办公厅印发《义务教育阶段校外培训项目分类鉴别指南》。教育部将指导各地抓好落实，从严把关，进一步压减和规范学科类培训，确保“双减”工作取得实效。

2022年1月5日，教育部办公厅发布《关于认真做好寒假期间“双减”工作的通知》，提出各地要指导学校严格控制寒假书面作业总量，鼓励布置探究性和实践性作业，引导学生在寒假期间坚持规律作息、锻炼健康体魄、培养广泛兴趣、参加社会实践、分担家务劳动。

2022年2月8日，教育部在其官网发布2022年的工作要点，共有35项。“双减”依然是教育部2022年工作中的“重中之重”，教育部特别提出要指导各地对于非学科类培训机构的区分，体现公益属性，实现常态化监管，防止出现新的野蛮生长。

2022年3月，教育部办公厅、中央编办综合局、民政部办公厅和市场监管总局办公厅联合对2018年9月教育部发布的《关于面向中小学生的全国性竞赛活动管理办法（试行）》进行修订，印发《面向中小学生的全国性竞赛活动管理办法》，提出进一步健全面向中小学生的竞赛活动管理制度，坚持素质教育导向，更好地发挥竞赛活动的育人功能。

以上所述为政府部门出台的有关“双减”的政策。自中华人民共和国成立以来，国家对学生减负问题给予了持续的关注，陆续出台了多项减负政策。早在1951年出台的《关于改善各级学校学生健康状况的决定》就提出：“减轻学生课业学习与社团活动的负担。”

2021年4月开始密集出台的政策呈现了以下问题：一是减负问题是一个系统问题；二是“双减”政策执行过程中仍存在一定阻力。“双减”政策是党和国家大力推进的政策，有必要对政策执行进行研究，探索政策执行的具体情况。

“双减”工作的总体目标分为两方面。在校内方面，使学校教育教学质量和服务水平进一步提升，作业布置更加科学合理，学校课后服务基本满足学生需要，学生学习更好回归校园。在校外方面，使校外培训机构培训行为全面规范，学科类校外培训乱象基本消除，校外培训热度逐步降温。政府、学校、企业和家庭等相关组织和个体都是政策实施过程中的执行主体。教育政策通过使用各种政策工具，对政策实施过程中各行为主体的权利、义务进行了界定，这些主体的主要任务是确保学生正常、健康成长。

国家“双减”政策出台以后，各级政府纷纷响应。国家层面的政策颁布起到了引领方向的作用，省级政策和地市级政策是确保“双减”政策落地的关键。十多年来，我国各省、市级政府部门颁布了关于减轻中小学作业负担和规范校外培训机构的诸多政策，而减负政策制定并不代表政策价值和政策目标已经实现。政策价值和目标实现是一个长期过程。

另一类值得关注的机构是媒体或通信企业，这些机构也积极紧跟政策导向，如2021年12月，腾讯微信团队在微信公众平台发布《微信关于规范校外培训内容发布和传播的合规指引》。其中要求：不得在微信平台发布面向中小学生（含幼儿园学龄前儿童）学科类和非学科类校外培训机构的推广性、诱导性内容，以及不得利用微信平台面向中小学生（含幼儿园学龄前儿童）违规开展学科类和非学科类校外培训。微信团队表示，为响应国家“双减”政策，依照《关于进一步减轻义务教育阶段学生作业负担和校外培训负担的意见》及教育主管部门相关要求，微信平台将进一步规范学科类培训内容的发布和传播。

二、拓宽教育政策执行研究视角的理论需求

政策执行研究是公共政策理论和研究的重要概念和组成部分。学术界对政策执行的定义不一，研究方法也很多元，进一步厘清概念和拓宽研究视角，具有重要的理论意义。

（一）关注教育政策执行过程中的微观行为

“政策执行”既是政策推进过程中的重要环节，也是值得探讨的学术概念。对政策理论发展进行考察可以发现，在初始阶段，大众和研究者主要关注政策制定环节，即关注如何制定出完善的政策文本，常常忽视政策执行过程的作用和意义等。直至20世纪七八十年代，随着研究者不断发现政策执行过程中产生的问题，对政策执行的认识才不断深入，政策执行研究的价值逐渐受到重视。

国外学者对政策执行的理解可以分为强制说、互动说、决策说、绩效说等。保罗·萨巴蒂尔（Paul A. Sabatier）、杰弗里·普雷斯曼和艾仑·威尔达夫斯基（Jeffrey L. Pressman & Aaron Wildavsky）、查尔斯·斯诺（Charles P. Snow）、查尔斯·琼斯（Charles O. Jones）等人的观点具有代表性。① 从动态角度来看，政策执行应关注政策从出台到结束的全过程，在这一完整过程中，政策制定机构、执行组织、政策文本、社会环境等不断互动，相互影响，最后呈现出某种状态或结果。从这一角度来看，政策执行动态过程受多重因素影响，也会反作用于相关主体行为，从而让政策执行过程具有不确定性。这既是政策自身不确定性的延续，也是政策执行的重要特征。而文本和执行的不确定性特征，为政策执行研究提供了理论可行性。

尽管我国教育政策执行研究的理论视角日趋多元，呈现以新制度主义、利益相关者理论为主，社会学、经济学、现象学和管理学中相关理论等多理论并存的局面，但在研究内容上还处于自上而下的问题和过程研究阶段，对执行主体微观

---

① 陈振明. 政策科学：公共政策分析导论［M］. 2版. 北京：中国人民大学出版社，2003：347.

行为的研究较少。[①] 不少研究停留于将政策目标与政策实践进行比照的层面，把政策理解为“解决问题的方案”，因此研究思路多为“问题—原因—对策”单向度研究路径。但仅仅根据调查或依据经验对某一教育政策执行的过程、资源、评估和问责等方面进行原因分析和反馈是不够的。这种单向度的线性研究是面向教育政策制定者的执行研究，执行者的主体地位并未得到应有的重视。教育政策执行更应关注过程，发现政策实施过程中实际发生了什么，现实生活中的师生、家长是如何理解和执行政策的，师生又是如何在不同的政策环境和日常生活中互动的。这些问题更有意义。

（二）探索教育政策执行研究的多元视角

政策执行是将理想目标转变为现实的关键。但考察许多政策执行，其往往出现结果与目标不符的情况，这一现象是由具体政策执行过程中的多种因素造成的，反映了教育政策执行的复杂性。在学术界，政策执行研究逐渐取代政策制定研究，成为政策研究关注的重点。政策执行效果取决于具体的政策执行个体，取决于个体在具体政策执行情境中的接受程度和行为选择。而个体的行为受多方面因素影响，因此教育政策执行相关研究体现出多层次、多视角的特点。

我国关于教育政策执行的研究主要有以下两种理论基础：一是以新制度主义作为研究视角，分析教育政策执行；二是以利益相关者理论作为理论分析框架。[②] 第一类研究遵循新制度主义传统，侧重于对推进或阻碍教育政策执行的制度性因素进行考察。第二类则从政策网络分析出发，侧重剖析各利益群体之间的利益博弈和利益分配。这两种研究路径对微观层面的、作为具体个体的教育政策执行者自身状态关注较少。而具体个体作为政策执行落实的最终环节，在教育政策执行中扮演着非常重要的角色。

① 刘惠．学校日常生活中的政策呈现：教育政策执行研究的新立场［J］．教育科学研究，2018（4）：36－40.

② 刘惠．教育政策执行研究：内容、理论及发展趋势　基于文献综述的分析［J］．教育科学研究，2015（6）：35－39.

除了新制度主义和利益相关者理论，复杂性理论、公共选择理论、现象学、社会学等也逐渐成为研究者分析教育政策执行的新视角。因此，在教育政策执行研究中引入不同于传统研究范式的新思路，关注教育政策执行微观层面的具体个体，观察其言论、心理状态、行为倾向和选择，并进行整合性分析，有着重要的理论意义。

个体都是从自己的角度、用自己的话语去看待和理解政策的，这是一种转译现象。现实生活中，人们对政策的解读和反应会有多种情况，普罗大众往往会根据自己的认识和了解来解读政策。这一点在中国文化背景下尤为明显。比如，在北京打车，只要跟司机聊上几句“国是”，司机就会跟你谈论很多与政策和政要有关的“要闻”，而且往往用一两句话的评论对某些政策进行概括。人们对政策的解读会体现在个人的行为选择上，从而影响政策的执行和实施。由此，行政部门、相关群体在教育政策执行过程中的感知和理解，以及个体做出何种应对行为，是一个值得探索的有意义的话题。

本书的创新之处主要体现在：将“转译”概念引入教育政策执行研究中，为相关研究提供了一种新的研究思路和视角；尝试对政策研究中的执行研究范式与话语分析范式进行整合和连接。

第一章
文献综述与概念界定

环境的改变和人的活动或自我改变的一致，只能被看做是并合理地理解为革命的实践。

——卡尔·马克思 《关于费尔巴哈的提纲》

第一节 文献综述

一、教育政策执行

政策研究属于综合研究，涉及不同学科和视角。对于教育政策研究来说，可以从不同学科路径和研究范式进行概括和分类。从学科路径出发，教育政策研究大体上可以分为三条路径：经济路径（经济学视角）、组织路径（组织理论视角）和批判路径（批判理论视角）。经济路径主要进行因果分析，利用经济学来阐述教育结果的产品和有关市场机制运用于教育领域的问题；组织路径侧重于解释，利用政治科学、社会学和组织理论等来解释教育政策执行的运作方式；批判路径注重反思，侧重于阐述教育政策文本生产和教育政策话语中的权力关系。①

在研究范式方面，梅格·马奎尔（Meg Maguire）和史蒂芬·波尔（Stephen J. Ball）在1994年将教育政策分析的质性研究归为三类：精英研究（elite studies）、轨迹研究（trajectory studies）和执行研究（implementation studies）。② 法扎尔·里兹维（Fazal Rizvi）和鲍勃·林加德（Bob Lingard）在2010年补充了第四种：话语研究（discourse studies）。③ 精英研究通常在整个政策周期中对主要政策参与者进行访谈，将此作为了解政策文本和政策过程的一种方式，并特别关注政策文本制定背后的政治因素。轨迹研究涉及政策周期各阶段的政策，即跟踪一个具体政策在酝酿、产生和付诸实践时背后的利益和政治博弈。执行研究关注如何阐释政策文本及这些文本如何转化为行动，使用访谈、观察、文献分析及

---

① 黄忠敬. 教育政策研究：传统、视角与方法［J］. 南京师大学报（社会科学版），2021（6）：27－37.

② MAGUIRE M, BALL S. Researching Politics and the Politics of Research: Recent Qualitative Studies in the UK［J］. International Journal of Qualitative Studies in Education, 1994（3）：269－285.

③ RIZVI F, LINGARD B. Globalizing Education Policy［M］. Oxon: Routledge, 2010: 58－60.

人种志等方法研究政策实施的背景等。话语研究则是通过批评性话语分析（critical discourse analysis），对政策文本和话语进行权力关系等方面的分析。

由此看来，教育政策执行研究是一种政策研究的范式。从政策研究发展的历史看，政策执行一开始并不受到重视，政策研究大多关注政策制定过程，执行过程不属于研究重心，后来随着人们对政策执行认知的不断改变，政策执行研究也逐渐得到重视。一般认为，政策执行研究产生于20世纪60年代，以普雷斯曼和威尔达夫斯基的著作①出版为标志，其引发政策执行研究热潮，研究者开始关注并探索政策制定与执行之间产生差距的原因。②

（一）教育政策执行研究关注点的转换

在*Policy Studies for Educational Leaders: An Introduction*一书中，弗朗西斯·福勒（Frances C. Fowler）梳理了美国教育政策研究的历史和走向，将教育政策研究划分为三个阶段。③

第一代（20世纪70年代早期）研究为对政策执行困难因素的研究，主要通过对一些未能得到良好执行的教育政策进行案例研究，分析引发执行困难的因素。这一阶段研究的主要特征是对“执行失败”（即政策效果与政策目标不符合）的政策进行案例分析，凸显政策执行过程的重要性。第一代研究引起人们对政策执行环节的重视，发现新政策颁布后执行者存在主观上不愿执行或客观上能力不足的情况，而只有在执行者愿意并有能力的情况下，政策才能够得到良好执行。

第二代（20世纪70年代晚期）研究开始转向探讨为什么有些政策能得到良好执行，有些则不能，即对执行成功和执行失败进行分析。与第一代研究类似，第二代研究也发现政策执行确实不容易，有些政策没有得到真正的执行。不同的

① PRESSMAN J L, WILDAVSKY A B. Implementation: How Great Expections in Washington Are Dashed in Okaland [M]. Berkeley, CA: University of California Pressman, 1973.

② HUPE P, SAETREN H. The Sustainable Future of Implementation Research: On the Development of the Field and It's Paradoxes [J]. Public Policy and Administration, 2014 (2): 77 – 83.

③ FRANCES C F. Policy Studies for Educational Leaders: An Introduction [M]. Harlow: Perason Education Limited, 2014: 203 – 217.

是，第二代研究认为执行是可以实现的，政策制定和执行行为要“相互适应”。通过合理运用量化和质性研究方法，第二代研究归纳出强执行行为和弱执行行为的共同特征，为如何进行政策执行提供指引。

第三代（20 世纪 90 年代）研究则是对综合政策执行的研究。第一代和第二代研究主要以某所学校作为对象，对政策执行的成功和失败进行分析，而很多教育政策是以成千上万学校为试点的，因此第三代研究开始关注规模化的政策执行情况。第三代研究的重要转变是将“执行者”视为“学习者”，认为良好的政策执行应该是让执行者理解现有教学实践与政策要求的不同之处，同时也关注执行者的专业成长。第三代研究还发现，良好的社会共识和支持是政策执行的重要保障，建立良好的支持网络在政策执行中作用重大。

我国教育政策执行研究起步较晚，在 2000 年前后，开始有研究者对国外教育政策执行研究进行介绍和述评，如 1997 年王明宾对美国教育政策进行介绍；①也有研究者对教育政策执行的概念、含义及特征等进行探讨；在具体政策执行研究方面，则集中于农民工子女义务教育政策、流动儿童义务教育政策等。通过对我国早期教育政策执行研究进行考察，发现教育政策执行研究逐渐受到重视，但在理论运用层面存在移植带来的“水土不服”情况，研究视角比较单一，亟须扩展。② 在后续发展中，理论维度上呈现出以利益相关者理论、新制度主义等为主的逐渐多元化的趋势。在研究领域方面也有所拓展，可分为以下六个方面：义务教育政策执行困境与阻滞研究，政策网络视角下的执行模式研究，价值取向与执行偏差因素分析，执行过程中政策执行与制定、评估的关系研究，执行复杂性及有效执行机制研究，民族教育政策执行偏差及其政策工具研究。③ 除民族教育政策外，近年来陆续有研究者对具体教育政策如免费师范生政策、职业教育政

① 王明宾. 美国教育政策执行研究述评 [J]. 江苏教育学院学报（社会科学版），1997 (4)：16－19.

② 邓旭. 教育政策执行研究：趋势、内容与视角——基于对我国教育政策执行研究文献的分析 [J]. 当代教育科学，2010 (5)：19－23.

③ 祁占勇，王佳昕. 教育政策执行研究热点的研究领域及其展望 [J]. 当代教育科学，2017 (5)：86－90.

策、中小学劳动教育政策等进行专项研究。

由此可见，随着我国政策执行研究的发展，未来研究可以聚焦于具体教育政策，探索多种理论维度，对执行偏差、执行阻滞等进行分析，一是了解现行教育政策的效果，二是尝试探索本土化的理论视角。

（二）教育政策执行研究的基本视角

研究视角属于理论维度。基于研究取向的不同，不同时期教育政策执行研究的视角也不相同。阿曼达·达特诺和维基·帕克（Amanda Datnow & Vicki Park）在其著作 *Handbook of Education Policy Research* 的“Conceptualizing Policy Implementation”一文中，将人们研究政策过程的视角进行分类，特别是人们如何看待政策执行的视角。据其研究，教育政策执行研究可以分为三类基本视角，即技术－理性（technical-rational）视角、相互适应（mutual adaptation）视角及意义建构（sense-making and co-construction）视角。① 后来国内也有研究者对这三种视角进行介绍和补充。三种不同教育政策执行研究视角可参见表 1－1。

表 1－1　不同教育政策执行研究视角

内容	技术－理性视角	相互适应视角	意义建构视角
变革方向	单向的	双向的，政策制定与执行的相互作用	多向的
政策过程	将政策过程视为离散的线性阶段	视政策制定和执行为分开的；关注政策意图和执行结果之间的不一致	将政策制定和执行作为整个过程的不同环节；关注行动者在制定政策方面的作用及多个机构层面和行动者之间的相互关系
影响范围	自上而下和分层	自下而上	开放的多层系统
情境作用	注重宏观层面，将情境广义化	关注微观层面，重视地方情境和文化	注重相互关系，包括社会－政治和政府间关系等

① DATNOW A, PARK V. Conceptualizing Policy Implementation [M] // GARY S, et al. Handbook of Education Policy Research. New York: Routledge, 2009: 348－352.

续上表

内容	技术－理性视角	相互适应视角	意义建构视角
价值观	强调精准；按部就班，视执行偏差为困境	可以调整与协商；视执行偏差为地方情境下的可能结果	调整与协商，灵活应对政策文本变化

注：原表见 Amanda Datnow 和 Vicki Park 的“Conceptualizing Policy Implementation”一文。李玲等人的《教育政策执行研究的三种视角及其比较》一文也对此表进行了翻译和介绍。

技术－理性视角是理解政策实施最传统且被广泛使用的视角，主要关注政策执行的行政与程序方面，重视计划、组织、协调和控制，是一种自上而下式的政策执行研究取向。这一视角将政策过程视为离散的线性阶段，主要关注政策执行者的行为，将政策执行过程看作政策执行者按照政策制定者的意图落实的过程。政策执行成功与否取决于政策执行者是否“忠实地”按政策要求完成了目标。这一研究视角倾向于自上而下的导向，同时忽略或淡化情境或背景的影响。当然，成功的政策执行和成功的结果之间还是有区别的。一项政策可以按部就班地执行，但忠实地执行政策并不意味着能得到预期结果。

相互适应视角是一种自下而上的政策执行研究取向。技术－理性视角因忽略政策实施情境如地区差异和政策执行者具体情况，往往受到批判，被认为缺乏对学校文化或教育工作者日常生活的关注和敏感性。由此，相互适应研究视角从政策执行过程中多元主体的作用出发，认为政策执行研究受多重因素影响，政策执行成功与否不单纯取决于政策本身，而是取决于政策执行过程。即使是规划全面完善、高度协调、得到良好支持的政策，其成功与否也取决于地区背景和执行者个人如何解释和执行政策，也就是说，地区因素影响政策结果，执行偏差往往是预期结果。

意义建构视角可以看作以上两种视角的融合发展。技术－理性视角和相互适应视角是政策制定和执行的两个主导取向，体现了关于宏观－微观理论分歧的争议。建立并研究政策制定和执行之间的相互联系，有助于消除以上两种视角的两分局限性。意义建构视角在强调情境重要性的基础上，关注不同层面执行者之间的相互联系，并由此解释情境和执行者如何影响政策执行。意义建构视角反映政策执行过程中多个行动者和群体之间的差异关系，同时考虑政策宏观层面因素、不同的权力获取途径及执行者的立场变化。这一视角认为政策执行是一个政策执行者建构自我意义的过程，政策执行者不只对外部刺激做出反应，还会依据所处环境进行解释活动并采取行动。政策执行主体是意义建构者。

研究视角的转换也体现在对研究对象的关注上。意义建构视角将政策执行者、政策本身和政策执行环境（情境）三者有效结合，从更合理的视角考察政策执行效果。对教育政策执行研究视角进行梳理，可以看出，研究对象和关注点都在转换。对于“双减”政策执行研究来说，既要关注政府部门、教育培训企业、学校和教师，还要关注学生和家长。在中国社会现有的文化背景下，在“剧场效应”“内卷”等热词广泛流行的大环境下，更应关注最终对“减负”行为做出选择和行动的学生和家长，了解家庭是如何应对政策变动的。宏观层面关注政府部门、企业和学校的行动，微观层面关注教师、学生和家长的选择，研究“双减”政策下不同层面执行者之间的联动，正好契合意义建构的研究视角。

（三）教育政策执行研究的基本要素

教育政策执行研究应关注三个基本要素，即教育政策内容、教育政策执行主体及教育政策执行环境。①

教育政策内容是教育政策的具体表现形式，通过政府部门发布的文本等形式来传递价值导向，明确政策具体要求及发布政策工具。对于本书中的“双减”政策来说，政策内容主要指中共中央办公厅、国务院办公厅和教育部自 2021 年 4 月 8 日之后相继发布的一系列指导意见和通知，凡是与减轻学生负担相关的政策都属于本书研究的内容。

教育政策执行主体指教育政策执行所依赖的主要组织或个体。传统的第一代研究或出于技术 – 理性视角的研究，一般把教育政策执行主体看作具有一定资源配置权力的组织。但随着研究的发展和认识的改变，从影响政策执行结果的角度出发，政策执行的目标群体也逐渐被视为政策执行主体，因为这一群体的行为对

① 邓旭. 教育政策执行研究：趋势、内容与视角——基于对我国教育政策执行研究文献的分析［J］. 当代教育科学，2010（5）：19 – 23.

政策执行也产生了重要影响，有时会严重影响政策执行结果。对于“双减”政策来说，政策执行主体是多元的，既包括组织和机构，如政府部门（市场监督管理、教育）、教培机构、学校和家庭，还包括这些组织和机构中的个体，如政府工作人员、教培机构从业人员、教师、家长等。因此本书淡化“执行主体”和“执行对象”的概念，破除二元对立的刻板思维，将其统称为“执行者”，将政策执行具体到政策过程中的个人层面，不再以政府部门等组织和机构为直接对象，而是关注组织中具体的个人，看其如何开展和应对，并选取有代表性意义组织中的个体进行个案研究，分析其作为政策执行者的言语和行为。

教育政策执行环境包括内部环境和外部环境。对于“双减”政策来说，政策执行环境包括我国教育评价如高考等相关政策的变化、中国传统文化的深层影响、大众对孩子成才和成功的观念等，这些环境或情境因素在一定程度上也会影响政策执行效果。

（四）教育政策执行偏差

任何政策在执行过程中基本上都会面对是否达到预期目的的问题。这一问题所折射的是对政策实效性和结果的追问。因此，有必要开展教育政策执行监测与评估。已有的教育政策执行监测与评估结果显示，教育政策执行过程或多或少存在一定程度的偏差。① 政策执行偏差指“行为效果偏离政策目标并产生了不良后果的政策现象”②。教育政策执行偏差（一些研究者也称为失真）指在教育政策执行过程中，教育政策执行者有意的偏离或违背政策等行为使教育政策目标无法实现的现象。执行偏差产生的原因是多方面的，如执行者的认识水平、价值取向、个人及其所代表的利益和偏好等，经常使得政策在执行过程中被误解、曲解、滥用或遭到消极抵制甚至反抗等。③

研究者对教育政策执行偏差的表现有不同看法。有人认为教育政策执行偏差

---

① 范国睿，孙翠香. 教育政策执行监测与评估体系的构建 [J]. 教育发展研究，2012(5)：54－60.

② 宁骚. 公共政策学 [M]. 北京：高等教育出版社，2003：392.

③ 陈振明. 政策科学：公共政策分析导论 [M]. 2版. 北京：中国人民大学出版社，2003：347.

有四种表现形式：政策表面化、政策扩大化、政策缺损和政策替换。① 也有人提出五种表现形式：教育政策的偏离、教育政策的表面化、教育政策的扩大化、教育执行的缺损、教育政策被替换。② 还有人认为主要表现在五个方面：象征性执行、附加式执行、残损式执行、替代式执行与机械式执行。③ 以上研究大致归纳了教育政策执行偏差的普遍原因。

（五）小结

以上是对教育政策执行相关文献的综述，总体分析思路和详细路线可参见图1－1。通过综述界定了政策执行者的概念。对执行者的关注回应了意义建构研究视角的要求，即消解二元对立，关注多层面执行者之间的互动和联系。在政策执行过程中，执行者构成了一个多元网络。行动者网络理论关注一个由多元主体组成的行动者网络是如何从无到有进行建构的，并提供了一个分析“多元主体从独立分散到整合协作”动态过程的理论框架。由此，引入行动者网络理论，将其作为本书分析框架，正好契合意义建构视角取向，满足对多元“执行者”网络的需求，有助于关注执行者的个体行动和实际状态，探索执行效果问题。

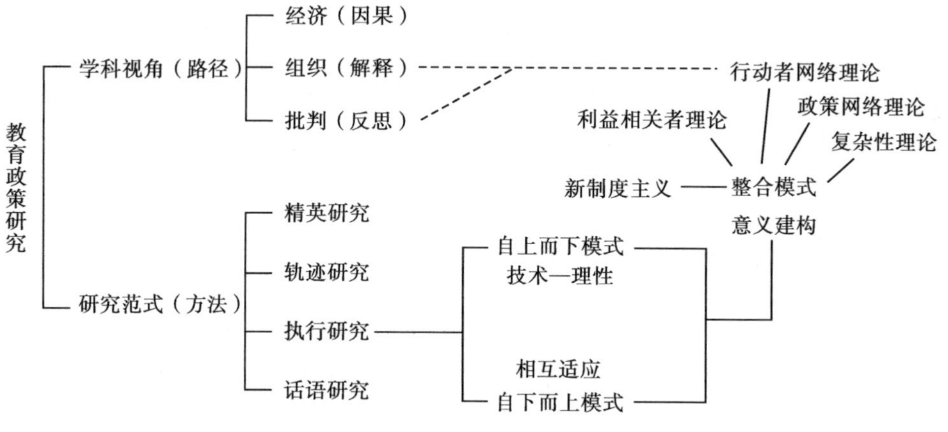

图1－1　教育政策执行研究文献综述路线

① 袁振国．教育政策学［M］．南京：江苏教育出版社，2001：245－264．

② 孙绵涛．教育政策学［M］．武汉：武汉工业大学出版社，1997：10．

③ 石火学，俞兆达．大学治理现代化进程中教育政策执行偏离及其控制［J］．现代教育管理，2018（12）：31－35．

二、“双减”政策

国外有关减负的研究主要集中于研究学生在校学业负担的构成因素，多通过学生的作业问题来进行分析。大部分研究将分析学业负担的重点放在了学生的作业量上，主要做相关性研究，代表人物为艾尔·科恩（Ale Kohn）和哈里斯·库珀（Harris Cooper）。前者发现，作业量与成绩之间存在一定关系，但并不绝对：在合理范围内，作业量增加与成绩之间的关系为正相关；而过多的作业量反而会给学生造成负担，导致成绩下降。① 后者在对美国学生课后作业情况进行调研时发现，适量作业有利于学生技能的提高和良好习惯的养成，有利于学生获取更多知识和信息，提高独立学习的能力；同时还发现作业负担对不同年级学生有不同程度影响，低年级学生的成绩与作业量之间的关系并不明显，父母对子女教育的参与可以减轻子女部分课业负担。② 但以上研究都未能找到完全让人信服的证据。

国内有研究者认为，“学业负担过重”这一提法值得斟酌，直接做出“我国当代中小学生学业负担过重”这一判断是不合适的，讨论学业负担问题要把焦点放在负担的合理化上，即负担来源、数量、结构和态度情绪的合理化上。对学业负担过重问题也不能一概而论，地区、学校、学段、年级、性别、家境、学业成绩现状和回答问题者的立场等方面的差异因素会导致学业负担轻重评判的结论出现差异。③

（一）“减负”研究历史梳理

中华人民共和国成立70多年来，我国政府一直致力于减轻中小学生课业负担。自1955年国家颁布首个专门解决课业负担的文件以来，至2013年国家一共

---

① KOHN A. The Homework Myth: Why Our Kids Get Too Much of a Bad Thing [M]. Cambridge, MA: Da Capo Press, 2006: 121.

② COOPER H. Homework for All-in Moderation [J]. Educational Leadership, 2001 (7): 34-38.

③ 刘合荣. 学业负担问题：理性的事实判断与缓解策略 [J]. 教育研究与实验，2008 (5): 7-12.

颁布了 11 项专门解决课业负担的政策。然而，政策实施结果和政策目标有一定差距，也催生了大量关于减负的研究。在中国知网以“减负”为篇名进行搜索，发现相关研究大概可分为两类：实证调查研究和思辨策略研究。

第一类研究从实证角度切入，从作业角度出发进行现状调查，关注微观层面，发现了以下问题：一是小学、初中和高中的减负情况存在差异，同时毕业班的减负情况并不理想，非毕业班的效果相对较好；① 二是在完成家庭作业时间和课业难度感受上呈现从低年级到高年级所需时间逐渐增多、课业劳累程度明显提高的情况；三是普遍存在完成作业时间较长、睡眠不足、学校考试难度偏大、课业压力总体较大的情况。2019 年一项对我国 12 个省市 108 所小学 9 821 名小学生进行问卷调查的研究发现，小学减负存在“信息不对称”和“校内减负、校外增负”现象，学校减负面临“人质困境”，家长缺乏家庭教育能力。②

第二类研究注重思辨和批判，提出了建议和策略，如主张发挥学生的主体作用，把外在减负与学生自主减负有机结合；提出用“问题型作业”模式减少机械性作业量，从而为减负提供选择；认为家庭是减负的瓶颈，应该关注家庭教育功能的转换。研究者尝试从不同视角分析减负问题，有的从“马－萨模式”视角分析减负政策执行阻滞并提出对策，有的从博弈论角度分析学习增负、减负等。还有部分反思性研究，其中有研究者提出在教育公平层面，减负会导致教育机会不均等。

还有研究者对我国减负政策进行历史梳理，让人们对减负政策发展有更清晰的认识，也为“双减”政策执行提供了历史参照。

（二）“双减”政策研究进展

“双减”政策在传统的减轻校内作业的基础上关注校外培训，政策出台不久就有一些研究文献在相关期刊发表。有的认为“双减”政策有助于推进立德树人，有的从中小学生学业负担的增生机制与根治之道探讨“双减”政策，有的

---

① 沈汝发. 南京市中小学减负情况调查与分析 [J]. 青年研究，2000 (7)：1－9.

② 杨欣. 小学减负喜忧参半背后的对策探究：基于 108 所小学减负落实情况的调查 [J]. 中国教育学刊，2019 (8)：6－12.

对“双减”背景下的公共教育体系进行探讨，有的对“双减”背景下基础教育的公共性与公平性进行反思。也有一些文章从不同角度对如何落实“双减”政策提出建议，如从家庭校外培训需求动因分析如何落实“双减”政策，分析“双减”背景下如何实现课堂教学的应教尽教、如何改进中小学作业布置、如何缓解教育焦虑现象。这些研究主要集中于“双减”政策的必要性问题，从政策合理性、政策目标及制度设计等角度阐释了政策意义及价值，对人们更好地理解政策、推动政策有效实施具有重要意义。

在本书研究开展过程中，学术界有关“双减”政策实施状况的调查研究日渐增多。有研究者就中小学教师和家长对“双减”政策在学校落实情况的相关认识和态度展开问卷调查，从控制作业总量、实施课后服务的角度提出中小学校能够较好执行“双减”政策的基本要求。有的研究聚焦于家长教育焦虑，通过调查发现“双减”政策实施后家长教育焦虑水平下降了7.83%，有80.6%的家长表示教育焦虑有所缓解，研究者认为“双减”政策对家长教育焦虑的缓解有显著的正向作用，且对家长的教育变革焦虑、教育参与焦虑均有显著的缓解作用。① 有研究者对“双减”背景下课后服务是否促进学生身心健康发展进行调查，基于全国6个省30个县（区）的调查数据，运用倾向得分匹配法分析学生参与课后服务对其身心健康发展的影响，认为课后服务能够显著提升学生的身心健康水平，其在影响学生身心健康的因素中具有较高的贡献率。② 此类实证研究逐渐增多，总的来说为本书提供了参照，而与此同时，笔者发现仅仅运用单一的问卷方法，虽然可以通过大数据了解宏观层面的情况，但对具体个体仍缺乏观照。各级各类政府邀请第三方机构如大学的新型智库等组织，对“双减”政策施行情况进行评估，因涉及知识产权保护等问题，目前并未看到实际评估文本。当政策在更广泛层面获得支持后，相关研究应转向政策执行过程与效果，并促进政策的进一步完善。

---

① 丁亚东，孟敬尧，马鹏跃．“双减”政策能缓解家长教育焦虑吗［J］．教育发展研究，2022（22）：30－39.

② 付卫东，张杉．“双减”背景下课后服务促进学生身心健康发展了吗？——基于东中西部6省30个县（区）的实证研究［J］．教育科学研究，2023（1）：14－21.

有研究者通过对北京、上海、广州三地 64 所中小学 743 篇主题微信推文进行分析，发现学校倾向于以“春天”“大考”“同舟共济”等隐喻诠释“双减”带来的影响，借“前线多面手”“高效乐学者”“同行合伙人”等“标签”对人员角色进行校本化再造，以“情境关联”“政策回应”及“成效展演”等方式有策略地讲述学校的“双减”故事，从而实现对政策的“解码”和“演绎”，并在更精细的尺度上设定各方的责任“脚本”，推动政策融入学校实践。① 这一研究方法和叙述角度充满新意，为“双减”实证类研究提供了另一种范式，也为本书的话语分析提供了参照。

（三）小结

本部分的文献综述分析思路和路线可参见图 1－2。

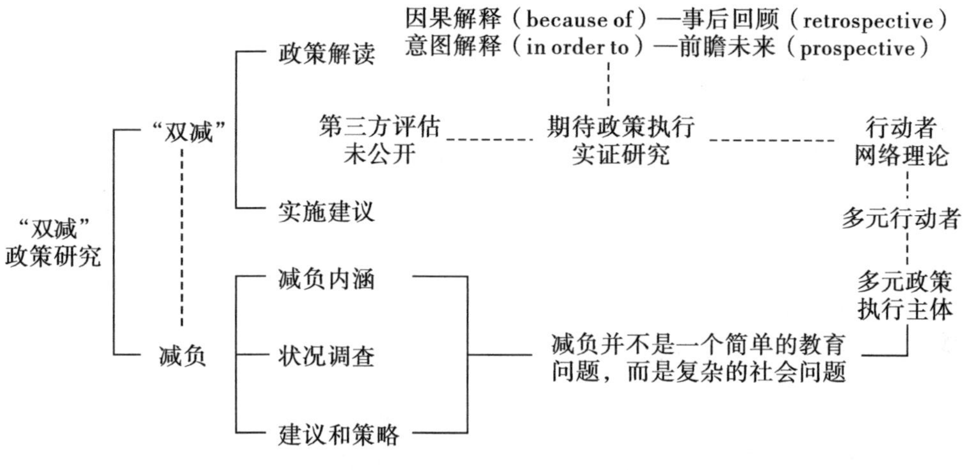

图 1－2　“双减”政策文献综述路线

通过对“双减”教育政策进行文献综述，发现对于存在多元执行者且涉及面广的“双减”政策来说，以行动者网络理论作为分析框架具有较强的适切性。社会科学与自然科学的研究对象存在本质差别，社会现象由个人的行动及人与人之间的交往行动组成，其蕴含着主观意义与意图及人与人之间建立起来的相互认

① 董辉，张海蓉. 学校如何讲述“双减”的故事：基于微信推文的政策叙事分析 [J]. 教育发展研究，2022（22）：10－19.

可与共识，不能机械地依据因果定律或概率而做出“前因—后果”式的解释。①

因涉及多种层面因素如政策文本、区域差异、执行者个体情况不一等，政策执行过程比一般的社会现象更难做出“前因—后果”式的解释或论断，因此采用意图解释模型是比较合适的。可以通过考察，反映政策执行过程中多元执行者各自的行为及政策工具的使用情况，进而反思如何促使政策执行更为有效。

本书正是基于此背景，选择某个区域进行个案研究，尝试了解政府干部、教培机构从业人员、教师、家长等政策执行者的实际情况，呈现某一特定时期各主体的执行行为及看法观念，从不同侧面了解“双减”政策的实施状况，尝试用对应理论对政策执行进行分析，发现“双减”政策执行中的运行或阻碍机制，并对政策执行提出建议。研究焦点不应仅仅停留在政策执行的产出上，更应对政策执行的全过程进行关注。

三、转译

从字面意义上看，转译指不直接根据某种语言的原文翻译，而根据另一种语言的译文翻译。除在翻译领域外，转译还被运用于其他领域，如文学、数学、图像学等。

在数学领域，转译指不同数学语言保持其语义的转换，而只改变句法。数学语言的转译主要有以下几种：一是自然语言与符号语言之间的转译；二是符号语言与图形语言之间的转译；三是图像语言和符号语言之间的转译。

转译也是行动者网络理论的重要概念之一。该理论是一种依托网络系统模型呈现行动者之间动力关系的社会科学研究方法，主要代表人物为布鲁诺·拉图尔（Bruno Latour）、米歇尔·卡隆（Michel Kalon）和约翰·劳（John Law）。行动者网络理论有着丰富的内涵，其核心概念为行动者（actor/agent）、网络（work-net）及转译（translation）。行动者网络理论在法语中一般称作“sociologie de la traduction”，直译成英语是“sociology of translation”，但此处的“translation”与

① 曾荣光. 教育政策行动：解释与分析框架［J］. 北京大学教育评论，2014（1）：68-89，189-190.

“翻译”几乎没有关系。行动者网络理论的转译概念源自法国哲学家米歇尔·塞雷斯（Michel Serres），塞雷斯将文本领域的转译与数学和逻辑领域的推理（deduction）、实验领域的归纳（induction）及实践领域的生产（production）并列为产生知识的四种转化系统（systems of transformation）。① 塞雷斯并没有局限于在文本层面讨论转译，而是在隐喻层面将不同学科之间知识的交流和转化都视为“转译”。在此基础上，卡隆将转译的任务定义为“将原先不同的事物联系起来，在其中创造汇聚点（convergences）和共通性（homologies）”②。拉图尔认为转译即异质行动者之间的利益共谋，并进一步指出在转译过程中利益并非一成不变，而是会发生转换，这“同时意味着提供对这些利益的新的解释并把人们引向不同的方向”③。

国内研究者习惯将行动者网络理论中的“translation”翻译成“转译”，意指行动者之间互动的主要方式，要求行动者不断与其他行动者进行语言转换，从而生成自己的意义。如有研究者将行动者网络理论译为“转译社会学”（“转译”指“转换”“转化”，兼有“翻译”之意）。

在中国知网上以“转译”为篇名进行搜索，共有 832 个结果（截至 2022 年 1 月 14 日），其中学术期刊 654 篇，学位论文 144 篇。大部分研究所指称的转译指翻译、文化、建筑中的一种方式，如文化转译、空间转译、图像转译。在教育领域，有研究者基于扎根理论对教师跨界学习机制下的叙事转译进行探讨。大部分研究并未专门对转译进行概念界定，主要根据研究者对转译字面意义的理解来进行使用。与本书比较相关的文献对行动者网络理论有所应用，如在行动者网络理论视角下探讨乡村治理中的行动者转译与公共性的生成，又如用行动者转译偏差来探讨政策执行何以陷入“困局”等。其转译概念都是行动者网络理论中有

① 王岫庐. 行动者网络翻译研究［J］. 上海翻译，2019（2）：14－20.

② CALLON M. Struggles and Negotiations to Define What is Problematic and What is Not：The Socio-logic of Translation［M］//KNORR K D，et al. The Social Process of Scientific Investigation：Sociology of the Sciences Yearbook. Dordrecht and Boston：Reidel，1980：211.

③ LATOUR B. Science in Action：How to Follow Scientists and Engineers through Society［M］. Cambridge，MA：Harvard University Press，1987：117.

特定意义的转译。因此，将转译作为一个概念来进行探讨，并将其引入政策执行研究，有一定的创新价值。

第二节　概念界定

日常生活中，人们往往没有必要纠结于对一个事物的表述，即到底应如何称呼该事物，只要表述清楚即可。在学术研究中则不然，需要厘清概念，做到所称即所指。比如人们在日常生活中，不会特别关注“政策实施”和“政策执行”的不同，而学术论文的作者则必须对二者进行描述和区分。对概念和事物本质的追问是学术问题和研究的一部分。本书的学术概念主要与“教育政策执行”和“转译”相关，具体政策与“减负”有关，故主要围绕上述关键词进行概念界定。

一、教育政策执行

教育政策执行是一个引进的概念，一直存在争议，学者对其有不同的理解。根据已有研究，可分别描述如下。

（一）政策执行

在公共政策领域，欧美国家研究者一般分别用“implement”“implementation”来描述“执行政策”“政策的执行”。国内公共政策学研究者一般将上述两词翻译成“执行”，也有一些研究者译为“实施”，如韩红在翻译小约瑟夫·斯图尔特（Joseph Stewart，Jr.）等的《公共政策导论》一书时，就将“implementation”翻译成“实施”。

汉语中关于“执行”与“实施”的关系，可以从词源的角度考察。“执行”一词在《辞海》（第四版）中的主要意思是国家政府法律、法规的实施。在《辞海》（第六版）中有两个义项：义项一是“在法律上，指依法定程序将已发生法律效力的和立即执行的判决和裁定等付诸实施。诉讼程序的最后阶段”；义项二是“具体实行。多用于政策、法令等规定应做的事项”①，如执行命令。“执行”在《现代汉语词典》（第7版）中的义项一为动词，即“实施；实行（政策、法律、计划、命令、判决中规定的事项）”，常见用法有严格执行、执行任务、执行命令等；义项二为属性词，即“实际主持工作的”②，常见用法有执行主席、执行主编等。

“实施”一词在《现代汉语词典》（第7版）中为动词，义项为“实行（法令、政策等）”③；常见用法有：付诸实施、实施细则、实施新的办法等。由此可见，在汉语中，“执行”和“实施”属于同义词，根据主体的不同，可略做不同表述。在学术论文中，二者为同一政策环节的两种不同表述方式。④ 使用“政策执行”比“政策实施”更常见，可将前者作为一个常用的学术概念。

关于政策执行的界定，公共政策学术界形成了两种流派，即行动学派和组织理论学派，其分别从不同角度对政策执行进行描述。行动学派以查尔斯·琼斯（Charles O. Jones）为代表，认为政策执行就是将意向政策付诸实施的各种活动，如解释、组织等，并认为政策执行的关键问题在于政策执行机关如何采取政策行动。组织理论学派以约翰·佛瑞斯特（John Forester）为代表，强调政策执行组织或机构的作用，认为政策组织问题是政策执行不力的关键原因之一，政策能否有效执行，关键在于执行机构的主客观条件。综合来看，政策执行可以表述为——政策方案颁布后，政策执行者通过一定的组织形式，运用各种政策资源，经过多种行动方式，实现既定政策目标的过程。⑤

---

① 辞海编辑委员会. 辞海：第六版彩图本［M］. 上海：上海辞书出版社，2009：2937.

②③ 中国社会科学院语言研究所词典编辑室. 现代汉语词典［M］. 7版. 北京：商务印书馆，2016：1680，1186.

④ 刘惠. 教育政策执行研究：内容、理论及发展趋势——基于文献综述的分析［J］. 教育科学研究，2015（6）：35－39.

⑤ 谢明. 公共政策导论［M］. 北京：中国人民大学出版社，2004：165.

（二）教育政策执行

我国研究者大多在公共政策执行概念的基础之上提出“教育政策执行”这一概念。如袁振国认为，教育政策执行“指政策的执行者依据政策的指示和要求，为实现政策目标、取得预期效果，不断采取积极措施的动态行动过程”①；孙绵涛等认为，教育政策执行“指各级教育行政机构及其行政人员，依据教育政策的目标，把教育政策在教育实践活动中加以贯彻、落实和推行、实施的全过程”②；吴志宏等认为，教育政策执行是“实现教育政策目标，将教育政策内容转变为教育现实的过程”③。学者对教育政策执行的理解具有趋同性，从以上对教育政策执行概念的理解来看，将教育政策执行视为动态过程已是共识。

（三）教育政策执行者

长期以来，人们主要把各级政府及其工作人员视为政策执行者。从政策执行的概念界定及研究发展来看，政策执行者包括参与政策实施过程的所有相关人员。具体到我国的各级各类教育政策来说，执行者涉及不同层级的教育行政部门、各级学校组织及学校中的教师和学生。④ 因学生背后涉及家庭行为，特别是“双减”政策相关执行者还包括教培机构从业人员、家庭和父母，所以学生能否作为政策执行者是存在争议的问题。在“双减”政策文本的表述中，政府部门、学校、教培机构、家庭（家长）是有明确规定的执行者，而学生往往被作为政策调整的目标群体。出于研究的完整性考虑，本书兼顾不同群体，将作为学生的儿童纳入研究对象群体，并将其作为分析单元之一。

---

① 袁振国. 教育政策学［M］. 南京：江苏教育出版社，2001：286.

② 孙绵涛. 教育政策学［M］. 武汉：武汉工业大学出版社，1997：145.

③ 吴志宏，陈韶峰，汤林春. 教育政策与教育法规［M］. 上海：华东师范大学出版社，2003：59.

④ 范国睿，孙翠香. 教育政策执行监测与评估体系的构建［J］. 教育发展研究，2012(5)：54－60.

二、“双减”政策

“双减”政策出台之前，在教育政策领域里“减负”是一个热词。减负并不是一个简单的教育问题，而是复杂的社会问题。关于如何解决“学业负担”这一特殊教育问题的研究不少，研究类型和侧重点各有不同。

（一）减负

作为“减轻中小学生学业（课业）负担”的简称，“减负”这一概念须进一步厘清，即学生的学业（课业）负担是什么？何种程度的学习是恰当的？在什么样的情况下会出现负担？减负是一个国内外都关注的问题，但一直未有共识。

一般来说，“学业负担”指学生在学业方面担负的责任、应完成的任务和承受的压力。① 学生作为发展中的人要承担完成学业的任务与责任，但其身心承受能力尚弱，因此要注意“度”的问题，即适度，同时也存在“面”的问题，即我国中小学生负担过重是一种片面性的负担过重——以智育为核心的单方面负担过重，而不是一种全面性的负担过重——德育、智育、体育、美育和劳动技术教育的全面负担过重。②

研究者在学业负担和课业负担的关系上有不同理解。广义的看法为课业负担大致等同于学习负担。比如，有研究者认为学业负担包括课业负担、心理负担和经济负担三个方面，三个方面相互联系，互为因果，其核心是课业负担和心理负担；过重的课业负担指课程学习使身心所承载的负荷超过个人的承受能力范围，课业负担不仅有“量”的维度，还有“质”的维度。③

狭义的理解为课业负担是学生学习负担或学业负担中的一部分。比如有研究者认为学生的课业负担既有作业量、考试与排名等显性的负担，也有学习过程中思维与理解的隐性负担，判断学生课业负担是否过重的标准要基于有客观共识的

---

① 娄立志. 关于学生学业负担的理性思考［J］. 教育理论与实践，1999（9）：21－26.

② 邬志辉. 关于学生负担问题的深层次思考［J］. 课程·教材·教法，1998（1）：14－16.

③ 鲁林岳. 综合辩证论“减负”［J］. 教育研究，2007（5）：69－72.

政策法规。①

在谈论“减负”时，其实学业负担、课业负担差异不大。出现称呼争议的重要原因是官方或者权威媒体经常用不同的概念。总的来说，对学业（课业）负担的理解主要有三种，“一是认为学业（课业）负担是一种客观负荷，是外界如学校、教师、家长等施加在学生群体身上的、客观的、统一的学习量；二是认为课业负担是一种主观感受，是学生承担一定课业任务后产生的压力或感受，因人而异；三是认为课业负担是客观负荷与主观感受的简单之和”②。

总的来说，“减负”指减轻学业、课业等给学生带来的负担，以实现学生身心健康发展。

（二）“双减”政策

“双减”是“减轻义务教育阶段学生过重作业负担和校外培训负担”的简称，该提法来自2021年7月中共中央办公厅、国务院办公厅印发的《关于进一步减轻义务教育阶段学生作业负担和校外培训负担的意见》。“双减”是推动教育高质量发展的重大改革，国家出台相关教育政策的目的之一是防治校外培训乱象。本书将我国出台的意在“减轻义务教育阶段学生过重作业负担和校外培训负担”的相关政策统称为“双减”政策。

三、转译方式

在生活交流中，通常有种有趣的现象：第一个人将一件事讲给第二个人听，第二个人再讲给第三个人听，这时第三个人的理解往往会与第一个人表达的意思出现差异。这种现象通俗的讲法就是“照猫画虎”，在综艺节目中经常被作为游戏使用，每个讲述者会结合自己的知识背景对被要求描述之事物进行重新描述和解释。

---

① 马开剑，杨春芳．“减负”的内涵与视角［J］．当代教育科学，2015（14）：50－53．

② 胡惠闵，王小平．国内学界对课业负担概念的理解：基于500篇代表性文献的文本分析［J］．教育发展研究，2013（6）：18－24．

（一）转译

在《现代汉语词典》（第7版）中，转译指“不直接根据某种语言的原文翻译，而根据另一种语言的译文翻译”①，其英语常见表述为“indirect translation”。《圣经》（*Bible*）的流传就是转译最典型的案例，其首先由希伯来文翻译成希腊文，然后由希腊文译成拉丁文、英语、德语等。

在行动者网络理论中，“translation”指“一个社会实体从某个行动者范畴转移到另一个范畴过程中发生的转换或转化（transformation）”，如“作为科技产物的人工制品在传播过程中发生了转化，而不仅仅是被传播”。也就是说，行动者网络理论旨在揭示“通常被认为是同质整体的范畴如何经过复杂的‘转化’过程，即特定行动者使用目标行动者的‘语言’，以便把对方招募到自己的项目中”②。由此，“translation”是一种策略。

行动者网络理论中的“转译”与翻译研究中的“翻译”虽有相通之处，但从本质上看，翻译研究中的“翻译”与行动者网络理论中的“转译”并不是一个层面上的概念，“转译”旨在隐喻地说明网络的联结方式，进而揭示“社会”的本体意义。③

在《牛津高阶英汉双解词典》中，“translate”的义项之一为解释某事情，在该义项上，其用法与“interpret”等同，如“translate sth. as sth.”，即断定或猜想某事物的意义或用途。同样，“translation”的义项之一为用简单语言或另一种形式进行表达、解释。综合国内研究者对行动者网络理论中“translation”的翻译和解释，本书将个体对政策的理解和应对称为“转译”，并将其作为核心概念。

由此，在本书中，转译存在两层含义。第一层是政策执行者用自己的言语对政策文本进行理解和描述；第二层则是政策执行者根据自身情况在政策执行中的行为选择和应对策略。转译就是个体对政策的言语应答和行为应对。

---

① 中国社会科学院语言研究所词典编辑室．现代汉语词典［M］．7版．北京：商务印书馆，2016：1722.

② BUZELIN H. Sociology and Translation Studies［M］//MILLÁN C，BARTRINA F. The Routledge Handbook of Translation Studies. London & New York：Routledge，2013：186－200.

③ 王岫庐．行动者网络翻译研究［J］．上海翻译，2019（2）：14－20.

（二）转译方式

转译方式即个人对政策言语应答和行为应对的基本类型。对转译的基本类型进行归纳，可得出不同的转译方式。根据本书对“转译”的两层定义，转译方式的第一层含义是执行者用自己的言语对政策文本进行理解和描述的基本类型，转译方式的第二层含义则是政策执行者在政策执行中根据自身情况所做出的行为选择和所采取的应对策略的基本类型。

第二章
理论基础与研究设计

科学与社会的关系发生变化——我们已经从科学（science）转向了研究（research）。

——《我们从未现代过——对称性人类学论集》中文版序言

第一节 理论基础

一、公共政策执行理论

公共政策执行理论发展出不少模型，为后续研究提供了基础参照。首先可参照的是托马斯·史密斯（Thomas B. Smith）提出的过程模型。该模型认为，政策执行涉及因素众多，但其中最基本、最关键的因素可具体归结为以下四类。一是理想化政策（ideal policy），即政策制定者试图引导的理想化作用模式，主要包括政策制定是否彰显科学性、是否具备可行性等。二是执行机构（implementation organization），即政府机构及其负责政策执行的具体部门，主要涉及其执行能力及执行方式等。三是目标群体（target group），即公共政策的受施主体，其为公共政策的直接作用对象，主要关涉目标群体的特性及其对政策的认同和支持等。四是政策环境（policy environment），即能够影响政策执行或被政策执行影响的若干环境因素，既包括政治环境，又包括经济环境，还包含文化环境。① 公共政策的有效执行必须具备以上系列前提条件。其中，理想化政策是影响政策执行的首要因素。执行机构是政策执行行为的具体承担者，任何公共政策的有效实施都需要各级各类执行机构按照国家层面的政策要求及时推进地方化进程。在政策执行过程中，目标群体自身的复杂性、既有的政策经验、对政策的认可程度及对政策的认知水平等都是影响政策执行的重要因素。政策执行是将政策本身所蕴含的规范、原则和意图等落实于具体情境中的一种具象化过程，在这一过程中，政策执行不可避免地会受到所处环境的影响和制约。本书主要对执行机构与目标群体进行考察和分析。执行机构自然指政府部门及其工作人员，但本书不仅仅将目标群体作为被动接受者，而是分化出不同群体，如教培机构及其从业人员为一类，

① SMITH T B. The Policy Implementation Process [J]. Policy Sciences, 1973 (2): 197－209.

学校与教师为一类，家庭和父母为一类，作为政策最终对象的学生为一类。本书对各类群体进行考察，同时关注政治、经济环境的影响。

麦克尔·麦克拉夫林（Michael McLaughlin）发展出政策执行的互动模型，认为政策执行过程本质上是执行者与受政策影响者之间就目标和手段进行相互调适的互动过程，执行有效与否取决于两者之间的行为调适程度。该模型认为，执行者和受政策影响者之间的相互调适并不是“上令下行”的单向信息流程，而是双向的信息交流过程。政策执行过程就是寻找双方都能接受的调适策略的过程。① 在此模型中，政策执行被视为一个既不完全掌控也不完全被动接受的过程。政策执行者通过传达其经验和知识来对政策制定者的倡导进行反馈。政策制定者则必须考虑政策执行者的反馈，并相应调整政策。因此该模型的核心概念是双方互相适应和相互学习。政策制定者和政策执行者之间需要建立有效的沟通和协调机制，以确保政策执行是有目的且能够落地的。政策制定者需要了解政策执行者所处的现实环境和具体情况，以便根据实际做出调整。此模型的核心观点是——政策执行是一个动态的过程，政策制定者和政策执行者之间必须建立有机联系，实时调整和反馈。只有这样，政策制定者才能确保政策有效实施，政策执行者才能在实现政策目标的同时提供实用的意见和建议。

二、行动者网络理论

通过回顾相关研究并综合考量，笔者认为，对于存在多元执行者且涉及面较广的“双减”政策来说，以行动者网络理论作为一种分析框架具有较强的适切性。行动者网络理论的核心概念为行动者、网络及转译。行动者既指人，也指物，能够对事物状态的改变施加影响的因素都可视为行动者，包括人类行动者和非人类行动者。只有通过参与行动才能准确发现行动者。根据所起作用的不同，可将行动者区分为核心行动者和其他行动者，核心行动者在行动中起主导或主要

① 张金马．公共政策分析：概念·过程·方法［M］．北京：人民出版社，2004：390－391.

作用。每个阶段的核心行动者都会发生变化和身份转换。①

行动者网络理论中的网络可以作为一个动词，即“建构网络”（work-net），是一个描述行动者之间联结过程和实际运作过程的有效工具。社会是联结的社会，是由不同异质元素构成的网络联结的结果。异质网络产生如等级、权力和知识等社会产品。世界首先是异质的、多样的，其次是有关系的或联结的。②

异质网络的形成和建构需要行动者的参与并建立相互关系，关系中包含控制，这一关系建立的过程就是转译的过程。行动者网络理论中的转译指行动者努力把其他行动者的利益和兴趣用自己的语言转换出来。③这一过程包括问题呈现、利益赋予、招募成员和动员四个环节。④ 实质就是理解各行动者的利益并加以转译，从而让行动者相互协作或形成共识，这一过程充满了利益的磋商和观念的碰撞。⑤

国内外学者运用行动者网络理论建立新的分析框架，对教育、公共卫生、环境保护等领域政策进行了探索。也有研究通过引入“行动者转译偏差”的概念，综合运用行动者网络理论，聚焦行动者网络中的具体行动者，解析政策执行中“困局”的形成及其成因，并对具体案例进行呈现和分析，揭示政策执行偏差背后的深层逻辑。

三、符号学理论

赵毅衡在查尔斯·皮尔斯（Charles S. Peirce）的著作《论符号》中译本代序中谈到：符号学的很多思想都是相互没有影响、独立发生的，因此符号学就有多个称呼和源头，如费尔迪南·德·索绪尔（Ferdinand de Saussure）的“semiology”、维多利亚·维尔比夫人（Victoria Lady Welby）的“significs”、皮尔斯的

---

①②③ 郭明哲. 行动者网络理论（ANT）：布鲁诺·拉图尔科学哲学研究［D］. 上海：复旦大学，2008：84－85，85－86，88.

④ LATOUR B. Postmodern? No，Simply Amodern! Steps toward an Anthropology of Science［J］. Studies in History and Philosophy of Science，1990（1）：145－171.

⑤ 谢元. 基于行动者网络理论视角下的村支书乡村治理研究：以苏南阳县花山片区为例［D］. 南京：南京大学，2018：27－28.

"semiotics"、恩斯特·卡西尔（Ernst Cassirer）的"symbolism"、查尔斯·奥格登（Charles K. Ogden）与艾弗·瑞恰兹（Ivor A. Richards）的"science of symbolism"及赵元任的"symbolics"等。学出多源，正是符号学的生命力之所在。符号学是形式论的集大成者，旨在解决意义问题，方法是找出意义的形式。作为对意义形式进行探索的学科，符号学的关注点之一在于各符号主体如何建构起不同的意义对象世界，从而生发出各种符号活动。

在索绪尔看来，语言是一种表达观念的符号系统，是特殊且典型的符号系统。① 符号表达"观念"，"要彻底了解语言符号的作用，必须离开个人行为，走向社会事实"②。皮尔斯认为，符号可以代表相对于某人的其他事物，且这种"代表"关系中有解释因素。③ 而翁贝托·艾柯（Umberto Eco）试图在以上两者的基础上进行整合，将符号界定为"任何可以按照社会约定俗成的规范代替某一事物的事物"④，即一个事物只有对于某一主体而言能代表另一事物时才成为符号。由此，一方面，符号的意义是按照既定的社会规范来确定的；另一方面，潜在的阐释是保证符号意义得以实现的理论前提。⑤ 在符号现象学中，对意义世界的关注其来有自：知觉现象学家梅洛－庞蒂（Maurice Merleau-Ponty）始终关心知觉如何构造出对象的意义；而当代符号现象学家如约伦·索内松（Göran Sonesson）则致力于将现象呈现与认知符号学的实证研究相结合，从而揭示出意义世界如何渐次生成。

随着符号学理论的发展，虽然对符号和符号学有不同阐释，但总的来说，符号的全部意义经由人的参与才能获得，通过透析符号，也可以理解社会和人的本性，甚至可以通过使用符号来改变并重建社会。⑥ 符号学理论为本书分析访谈者

---

①② 索绪尔．普通语言学教程［M］．高名凯，译．北京：商务印书馆，1980：38，34.

③④ 艾柯．符号学理论［M］．卢德平，译．北京：中国人民大学出版社，1990：18，18－19.

⑤ 孙慧．符号的衍义与意义的生成：安贝托·艾柯的符号学理论［J］．求索，2013（4）：177－179.

⑥ 佟颖．社会符号学理论溯源［J］．外语学刊，2010（6）：142－144.

的话语提供理论基础，即不同的话语指称、代表着某种事物，受访者的言语可以进行归纳和解释，符号化为某种无法直接或明确指称的事物象征。

第二节 研究问题与方法设计

一、研究问题

在政策研究领域有不同的价值和方法取向。其中，政策意图解释是一种前瞻性的解释模型，试图寻找促使人类行为（被解释项）发生的愿景、目标或意图，也被称为“in-order-to”解释。[①] 本书遵循这一解释模型，目的在于发现相关政策执行者是如何表达个体思想和做出行为选择的。不同个体通过不同转译，构成多样态的行动者网络。

二、研究内容

在明确研究问题的基础上，可以将研究内容具体表述如下。

（一）“双减”政策执行情况如何？

具体包括：不同群体对“双减”政策的态度或认同情况如何？执行情况如何？

作为关注现实的研究，首先要从总体上回答政策执行的基本情况，然后关注不同群体的情况。此处不同群体指在前文所说的不同政策执行者群体，包括政府部门及其工作人员、教培机构及其从业人员、学校和教师、家庭和父母、学生等。不同群体在“双减”政策执行中会呈现出不同特点。因此，可以通过对不同群体在“双减”政策执行中的总体情况进行描述和分析来尝试回答这一问题。

---

① 曾荣光. 教育政策行动：解释与分析框架［J］. 北京大学教育评论，2014，12（1）：68－89，189－190.

通过对群体进行分析，尝试提出教育政策如何在现实中得到不同群体执行者配合的建议。

（二）不同群体在“双减”政策执行中呈现哪些转译方式？

具体包括：不同群体中不同个体是如何看待和解释“双减”政策的？个体的应对和转译方式有哪些类型？个体呈现这些转译方式的原因是什么？

（三）不同群体的转译方式有什么共同特点？

具体包括：这些转译方式与政策执行模式有什么联系？可以如何进行理论归纳和生产？

对不同群体的转译方式进行归纳和比较，可以提炼出共性特点。通过对共性特点的归纳，尝试进行理论生产，这也是本书研究的意义和价值所在。

三、研究方法

研究方法存在不同分类，可以划分为不同层次。一般来说，人文社会学科的研究方法可以分为三个层次：（1）方法论，即指导研究的思想体系，其中包括基本的理论假定、研究原则、研究逻辑等等；（2）研究方式，指贯穿于研究全过程的程序与操作方式，也称为研究法；（3）具体方法与技术，指在研究的某一阶段采用的方法、工具和手段。① 政策执行研究涉及政策实践背景，需要用多种研究方法。有研究者将教育政策研究方法论分为直接方法论和间接方法论。直接方法论包括如何搜集资料和如何分析资料两方面，其对教育政策研究起直接支撑作用；间接方法论则主要指西方传统的方法论，即经验论、先验论和实践论，以及现象学、解释主义、批判理论、建构主义和符号互动等。② 综合以上观点和思路，本书结合实际情况，在不同阶段采用不同研究方法。第一阶段采用资料搜

---

① 袁方，王汉生．社会研究方法教程：重排本［M］．北京：北京大学出版社，2013：前言．

② 孙绵涛，冯宏岩．教育政策研究范式及其方法论探析［J］．现代教育管理，2020（2）：17－24．

集的方法，其既指第三层面的具体技术，也属于直接方法论范畴；第二阶段采用材料分析的方法，主要指第二层面的研究方式，而分析资料及解释论述的过程必然基于某种理论或视域，因此其也属于间接方法论范畴。在本部分的研究方法阐述中，主要对本书所采用的具体技术和研究对象群体的对应性进行阐述，间接方法论层面部分则在理论基础部分和各分析单元的具体阐述中呈现。

（一）资料搜集方法

1. 文献

本书主要通过政府网站和各学校、媒体相关网站等搜集政策文件类资料；通过中国知网、Google 学术搜索及百度等网站搜索相关文献、数据及报道等。

2. 问卷

本书以相关研究中的政策认同问卷为基础，开发设计“双减”政策执行问卷，采用分层抽样原则确定调查目标群体，实施问卷调查。问卷调查法的主要作用在于了解和掌握行动者对“双减”政策的执行态度和影响政策执行意向的因素情况，以及对政策实施的反馈，为进一步分析提供数据支撑。问卷调查的对象主要为教师和家长。

3. 观察

政策研究多使用参与式观察法，要求研究者以相对平等、相互理解的态度深入研究对象生活。在理论上，研究者的身份可以分为公开观察者和隐蔽观察者两种。本书中，笔者同时是学生家长，比较便于在公开观察者和隐蔽观察者之间进行身份转换。参与式观察对象为学校、教师、教培企业、家长和学生等。

4. 访谈

在整体了解的基础上，访谈有助于进一步了解研究对象。好的访谈要事先做好准备，尽量“深入事实内部”。研究者在访谈中的言语要尽量不表现出立场，以便进入被访者的日常生活。研究者同时需要进行理论反思，以便能够发现并追问问题与事件。① 在对象和方式选择上，主要有三种：一是圈定式，由研究者事

---

① 杨善华，孙飞宇．作为意义探究的深度访谈［J］．社会学研究，2005（5）：53－68，244.

先选定研究对象；二是推荐式，受访对象推荐其他访谈对象；三是追溯式，在访谈过程中沿着线索深入谈下去。本书在深度访谈的基础上进行个案研究。深度访谈的对象为政府部门工作人员、教培机构从业人员、教师、家长和学生。

（二）资料分析方法

在研究方式层面有质与量的分类。质的研究与量的研究是教育研究中两种基本的研究范式，各有利弊，二者整合既有必要，也有可能。① 本书虽然涉及问卷调查，但总的思路还是以访谈材料整理和分析为主，因此主要呈现出质性研究及对材料进行分析的方法特征。在质性研究中，研究者本人是主要的研究工具，在研究过程中会遇到哲学理念、思维方式和研究者角色等方面的矛盾与冲突，研究者应克服影响，努力成为社会现象的忠实“再现者”。② 由此，质性研究中暗合了“把自己作为方法”的思路，研究者不是期待规律的发现和依从，而是要通过分析去找到理解世界的角度和位置，把个人经历问题化。③ 从这层意义上看，笔者既是学生家长，又是研究者，在把个人经历问题化的同时，也要尽量做到价值中立。本书的资料分析方法主要为个案分析。案例分析的目标不是讲故事，而是产出知识案例，形成定性研究；案例分析和定量研究不是对立关系，而是互补关系；案例的独特性有必要和一般性知识建立关联，从而使得具体案例可以和已有的知识发生对照。④

本书涉及人们有关政策的言语和表达，因此在资料分析上又采用了话语分析（discourse analysis）方法。20 世纪 90 年代后，西方公共政策研究出现了“语言

---

① 胡中锋，黎雪琼．论教育研究中质的研究与量的研究的整合［J］．华南师范大学学报（社会科学版），2006（6）：94 – 100，160.

② 胡中锋，黎雪琼．论教育研究中质的研究者［J］．华南师范大学学报（社会科学版），2005（4）：110 – 114，134，160 – 161.

③ 朱奇莹．无可逃遁的思考邀请：读《把自己作为方法——与项飙谈话》［J］．书屋，2021（5）：60 – 62.

④ 张静．案例分析的目标：从故事到知识［J］．中国社会科学，2018（8）：126 – 142，207.

学转向”（the linguistic turn），其关注人们在社会生活中的语言修辞现象。① 话语分析也逐渐从单纯的人文社会科学研究主题或方法上的拓展发展为基本研究范式，并从“语言研究语言”发展到“语言研究实践”。② 在话语分析各流派和方法当中，本书主要采用批判话语分析的方法和路径。批判话语分析关注意义维度，并从意义维度去理解人们在现实中的公共交往。

在抽取出有代表性的话语和观点后，本书遵循类似于扎根理论的路径，虽然并没有严格遵守常规意义上扎根理论的编码要求，但遵循了从资料中发现问题、从实证到理论生产的原则。

扎根理论本身也存在不同看法和主张。在扎根理论创始人之一巴尼·格拉泽（Barney Glaser）看来，扎根理论要做的就是呈现行动者在处理某一问题时的行为变异（variation），找到各种可能的行为模式（pattern），并将这些模式用理论的形式表达出来。③ 国内教育研究领域扎根理论的引进者和倡导者陈向明教授在朱丽叶·M. 科宾（Juliet M. Corbin）和安塞尔姆·L. 施特劳斯（Anselm L. Strauss）《质性研究的基础：形成扎根理论的程序与方法》一书的中文版代序《通过研究实例展示扎根理论的发展》中提到，作为扎根理论创始人之一施特劳斯的学生和助手，科宾对扎根理论进行了大刀阔斧的拓展。一是在资料搜集上，认为资料来源可以多样化，研究者既可实地搜集（最常见），也可通过网络搜集；既可借用其他研究者的资料，也可使用政府文件和图书馆、档案馆的资料；既可将新闻和文学作品作为素材，也可借助研究者个人逸事。二是在分析程序上，三级编码并非必需的，分析方法可以丰富多样，可以编码、写备忘录、画图表等。“重要的是研究是否提出了新颖的理论，理论是否能够有效地解释研究现象，理论生成的各个环节是否具有逻辑连贯性，理论的内容是否密实并具有较好

① WHITE L G. Policy Analysis as Discourse. J Policy Anal Manag [J]. Journal of Policy Analysis and Management, 1994 (3): 506 – 525.

② 张海柱. 西方公共政策话语研究：回顾与展望 [J]. 公共管理与政策评论，2013 (4): 67 – 77.

③ GLASER B G. Theoretical Sensitivity: Advances in the Methodology of Grounded Theory [M]. Mill Valley: Sociology Press, 1978: 62.

的整合度，是否有足够的资料作为支撑。”①

选择研究方法后，结合研究对象群体情况，可对本书的技术路线进行描述，大体情况参见图2－1。对象群体方面，基本设想为根据联系情况确定政府部门、教培机构，学校选择3所，家庭选择3种，各类人员根据实际情况进行联系和确定。

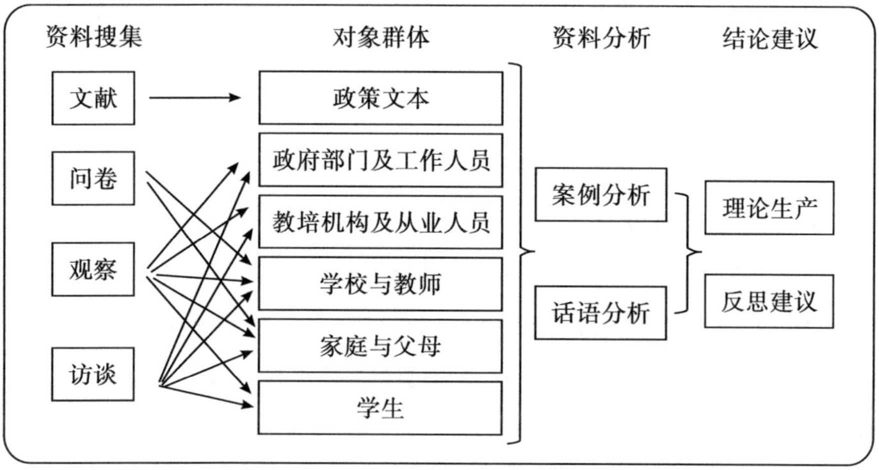

图2－1　本书研究技术路线

四、区域选择

本书以广州市作为区域对象，首先是因为笔者生活和工作的地方就在广州市，比较熟悉当地文化、区域情况，且笔者所在高校有附属中学和小学。此外，笔者所在学院与基础教育联系密切，在工作中与相关单位已有交往并建立联系，比较容易进行参与式观察、访谈和问卷调查。

另一重要原因是广州市为“双减”政策全国试点城市，主要任务是围绕以下方面开展试点工作：坚决压减学科类校外培训，合理利用校内外资源，强化培训收费监管。

---

①　科宾，施特劳斯．质性研究的基础：形成扎根理论的程序与方法：第三版［M］．朱光明，译．重庆：重庆大学出版社，2015：V．

在教育部2021年10月25日发布的“双减”工作试点地区典型案例中，广州的特色经验是提供多元化的课程清单供学生选择。具体做法有：落实学生每天校园体育活动1.5小时以上，每天安排至少30分钟的大课间体育锻炼，落实面向全体学生的体质健康测试制，提高学生身体素质；实行白名单管理制度，丰富课后服务资源，提供多元化的课程清单供学生选择；实行弹性离校，为确有困难仍需在18:30以后留校学生提供基本托管，创造条件实现午休“平躺睡”；优化作息安排，落实小学上午上课时间不早于8:20，中学不早于8:00，家校协同调整优化学生作息时间；小学一、二年级不进行纸笔考试，义务教育其他年级由学校每学期组织一次期末考试，严禁组织周测、月考和公布成绩排名，考试成绩呈现实行等级制，严禁提前结课备考。

在教育部发布的《关于推广第二批学校落实“双减”典型案例的通知》中，广州市的特色经验专题为打出作业减负提质“组合拳”。广州市印发了《关于加强义务教育阶段作业设计与实施的工作指引》《义务教育阶段作业设计与实施研究小课题选题指南》《义务教育阶段小学语文等12个学科作业设计与实施示例》等文件，通过综合施策，提高作业设计质量和管理水平。“作业优化指引”提出了依据课标、立足教材、总量适度、质量优先、突出情境、解决问题、进阶设计、着眼思维的作业优化思路，明确了9个设计要点和4个实施要点。“作业小课题研究”为教研部门和教师提供了28项作业研究课题方向，指导教师结合一线教学实践开展研究。“学科示例”将作业分为基础题、提升题、拓展题等类型，分别提供了若干典型示例，着力优化过程性、弹性化、分解型、情境类作业设计。

2021年12月13日，广东省教育厅以“广州市积极推进‘双减’试点工作”为题在教育部网站进行经验介绍，主要经验有：一是聚焦组织保障，完善工作机制；二是聚焦校内提质，建好学校主阵地；三是聚焦校外治理，规范培训行为。广州市按照“校外治理、校内提质、多方联动、标本兼治”的工作思路，积极行动，不断探索，扎实推进“双减”工作落地落实。

经综合考量，本书将以广州市如何推进“双减”政策执行为考察对象，对广州市的配套政策、政府部门如何推进、教培机构如何转型、学校和教师如何实施、家长和学生如何配合进行考察。

第三节　论述框架

结合“双减”教育政策执行过程中涉及的各种机构和个体情况，可以将不同群体作为不同分析单元，在考察不同分析单元政策执行情况的基础上进行总结。

一、分析单元①

在行动者网络理论中，常用的表述如“宇航员到太空了”，实际上并不妥当，应该说“航天器等与宇航员一起到太空了”。“航天”背后是所有行动者的努力，包括设计人员、制作人员、协调调度人员、政府部门等。一件事情将所有人、物质、文本（无形的知识）、制度文本等都连接在一起，这样的思路消解了冲突与对立。因此有研究者认为行动者网络理论打破了社会科学哲学本体论基础中的二元世界观幻象，可作为具体的社会科学研究方法，用于描述、分析乃至评价复杂性社会现象，批判与重构传统概念，以及对抽象文化展开微观实践分析。②

政策执行情况就是复杂性社会现象。传统观点将政府部门及其工作人员视为政策执行者，将教培机构及其从业人员、学校和教师、家庭和家长等视为政策执行对象或政策目标群体。在行动者网络理论视角下，应消解原有的对立解释模式即主体对客体进行政策执行的模式，进行网络建构，即教培机构及其从业人员、

---

① 林小英将民办高等教育政策系统中由特定行动者（民办高校、中央教育行政部门和地方教育行政部门）构成的子系统作为分析单元，并认为这些行动者和研究案例“民办高等教育政策”等组成的“政策系统”构成了“政策过程”。（林小英. 教育政策变迁中的策略空间［M］. 北京：北京大学出版社，2012：22－25.）受此启发，本书对“双减”政策执行涉及人群进行分类，并将其与“双减”系列政策作为政策分析单位。“双减”系列政策文本将结合不同群体在不同部分进行描述和分析。为便于区分，本书将不同群体作为分析单元。

② 左璜，黄甫全. 行动者网络理论的社会科学方法论意蕴［J］. 自然辩证法研究，2013（9）：60－65.

学校和教师、家庭和父母、学生等都作为行动者在网络中进行意义建构，根据政策文本、自身情况等做出选择和应对，且这种应对是一种主动的应对。因此，本书将“双减”政策执行的分析单元按群体划分为如下五个部分，并根据这五个部分来进行章节安排。

（一）政府部门及其工作人员

政府部门及其工作人员一直是政策执行和政策执行研究关注的群体。“双减”政策执行涉及的部门主要为教育局，一是因为教育局设置了校外培训管理机构，且部分工作人员具备执法权；二是因为教育局作为核心行动者，联合其他部门如市场监督管理局等进行综合执法。为了表述更全面，本书采用“政府部门及其工作人员”对这一部分群体进行统称，且将其作为一个主要分析单位，访谈对象等基本为各级教育行政部门工作人员。

（二）教培机构及其从业人员

根据相关媒体报道的称谓情况，本书将校外教育培训机构简称为教培机构，以便于理解和表述。“双减”政策的发力点首先是治理“校外培训”，以学科类为主业或主营收的校外培训机构受一定影响。这些机构有大企业和小公司。大企业为新东方、好未来等上市公司；小公司则很多为当地私人注册的以信息咨询或托管为主的机构，此部分公司构成复杂，但总体来说，从业人员情况基本一致。

（三）学校与教师

学校和教师在“双减”政策执行中承担“校内减负”任务。“双减”政策出台后，学校根据上级教育部门的要求对课程和教学进行调整。教师在课堂上完成教学，布置适量作业。学校层面的工作主要体现校长执行，因此可以通过学校执行“双减”政策的做法来进行了解。该分析单元的主要构成为小学和小学教师。

（四）家庭与父母

“双减”政策执行情况在一定程度上取决于家庭和父母的选择。政府部门可以要求学校和教师不布置过多作业，但回到家庭，父母的行为则较难控制和管理，比如有些父母会额外给孩子布置作业。因此，将家庭和父母作为分析单位，可以从微观层面对“双减”政策执行情况进行细致了解。家庭和父母对“双减”政策的态度和行为选择，对孩子学业减负效果产生重要影响。

（五）作为学生的儿童

儿童能否作为政策执行者是存在争议的。不少研究者基于主客体角度及政策文本表述，反对将儿童或学生纳入执行者表述范畴。但不可忽视的是，“双减”政策的最终指向是作为学生的儿童。儿童的成长和受益，是教育政策的最终指向。因此本书基于政策执行过程的完整性，将作为学生的儿童纳入研究并作为分析单元之一。儿童在“双减”政策执行中的感受和体验等，应是评价政策执行情况的最有力依据。受教育对儿童来说是权利还是权力？儿童在什么程度上要听从父母的安排？政策制定和执行中如何让儿童的声音被听见？这些都是非常值得深思和讨论的问题。无论是教育研究还是教育实践，儿童都不应该是被忽视的对象。本书主要分析对象为作为小学生的儿童，根据儿童情况，在选择学校和教师群体时也以小学和小学教师为对象。

二、论述思路

确定分析单元后，可以结合每一群体的特点、情况，对不同群体在“双减”政策执行中的行为和选择等进行分析。在对不同群体的分析上，大体参照如下思路。

（一）从整体对某一群体的“双减”政策执行概况进行描述

如对政府部门、教培机构、学校、家庭等，首先通过搜寻资料描述概况，以便总体了解和把握“双减”政策执行。对概况的描述多来自官方发布和公共媒体的信息，可以与本书对具体个体的调查形成对应，有可能是互补，也有可能是冲突（可以思考和分析这种冲突背后的原因）。

（二）根据公共政策相关理论对某一群体的政策执行进行分析

在了解群体政策执行概况的基础上，根据公共政策相关理论对不同群体的政策执行进行具体分析。如在政府部门层面，如何选择政策工具，政策执行的核心行动者是谁，等等；在教培机构层面，政策认同情况如何，执行偏差的现象和原因有什么，等等。对群体政策执行的分析最终要回归具体个体，由此引出不同群体中个体对政策“转译”的分析。

（三）群体中不同个体的转译方式分析

在政策执行过程中，相关行动者对政策文本进行转译。同一群体内的个体在“双减”政策执行中会有不同转译方式。本书对访谈资料进行编码和归纳，并结合相关研究情况，对个体的不同转译方式进行总结，尽量形成抽象类型，并将类型概念化。

本书按照政府部门及其工作人员、教培机构及其从业人员、学校与教师、家庭与父母、学生的单元顺序进行分析。首先在政府部门单元里对“双减”政策进行概述；然后对校外和校内两个单元即教培机构和学校进行分析，大体上可以全面了解社会层面的政策执行情况；接着回到家庭，对家庭的“双减”政策执行类型进行归纳；最后回到政策最终目的群体即学生，考察作为学生的儿童是如何应对“双减”政策的。

通过以上路径，根据从整体到具体的思路先对每个分析单元进行考察，可以得到对“双减”政策执行概况和具体个体层面执行情况的了解。在考察不同群体的基础上总结出共性特点，进行理论归纳，并在借鉴前人研究的基础上建立和完善政策执行转译方式的框架。总体论述思路可参见图 2－2。

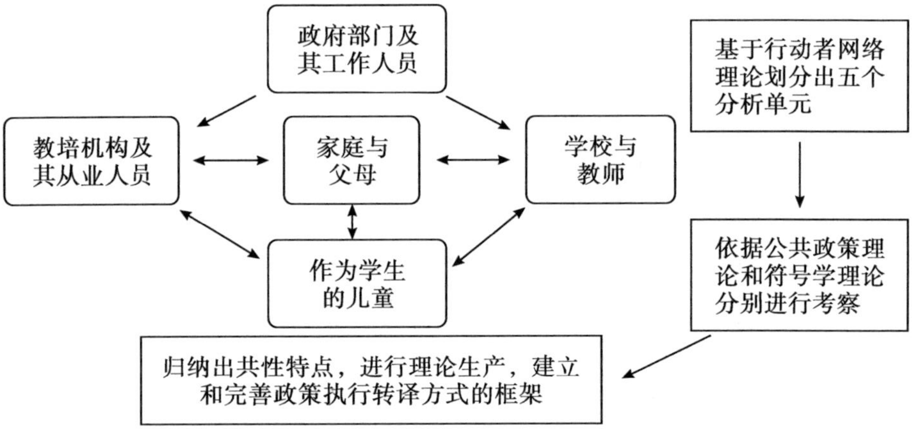

图 2－2　本书论述思路

第三章

政府部门及其工作人员

传统的理论告诉我们，政策制定者与执行者是截然分开的，但这明显是不现实的。工作人员为应对不确定性和工作压力而开发的手段，实际上构成了其所执行的公共政策。执行政策的过程同时也是政策再设计的过程。

——迈克尔·李普斯基

《街头官僚：公共服务中的个人困境》

第一节　政府部门“双减”政策执行情况概述

政策执行主要依托政府部门组织，政府部门是“双减”政策的主要执行者之一，可以首先从政府部门层面的行动来了解政策执行情况。

一、广州市一级政府层面“双减”政策执行概况

在广州市人民政府网站查询“双减”相关信息，可以了解到政府行为概况。官方报道显示：广州作为全国推进“双减”工作试点城市之一，迅速行动，坚决贯彻落实党中央决策部署，有力推动“双减”工作落地见效，力争交出满意答卷。在政府行为层面，广州市试点工作初期主要举措有：2021年4月组织各区暂停审批学科类校外培训机构；2021年7月8日召开全市“双减”工作部署会；2021年7月9日出台暑期托管政策，停止校外培训机构分类登记；2021年7月20日《广州市培训机构监督管理办法》公开征求意见；2021年7月23日组织联合执法检查。也就是说，在2021年4月8日教育部办公厅印发《关于加强义务教育学校作业管理的通知》后，广州市政府积极跟进，首先从学科培训机构审批着手，加强对校外培训机构的监管，同时完善校内课后服务工作。

2021年7月28日下午，广州市召开全市暑期托管暨校内课后服务工作现场会，部署各区各校标本兼治，持续、有序、系统推进“双减”工作。广州市教育局局长、全市11区教育局局长实地调研了番禺区荟贤小学暑期托管活动现场，与校长、教师、家长和第三方机构等各方代表座谈，深入了解暑期托管工作学校组织管理、教师参与、家长诉求，以及第三方平台运行管理等情况。随后召开了暑期托管暨校内课后服务工作现场会，部署暑期及2021年秋季学期校内课后服务工作。会议强调：

做好“双减”工作是贯彻党的教育方针、建设高质量教育体系、强化学校育人主阵地的重大举措。全市各区要坚定信心，铆足干劲，以“知尺度、明态

度、有温度”的广州模式，夯实校内教育教学内功，牢牢把住校内教育主阵地，切实做到校内教育减负增效。同时，进一步提升校内课后服务质量和水平，增强教育服务能力，回应好人民群众的急难愁盼。

可以看出，地方政府首先强调“双减”是贯彻上级有关部门（特别是党中央）教育方针的政策，目的在于强化学校育人主阵地的作用，提高公办教育体系的质量。而在执行方式上，“知尺度、明态度、有温度”一般是对政务工作的要求，在百度上进行搜索，较早明确提出这种要求的是国家税务总局柳州市柳北区税务局，其要求干部职工做到征管知尺度、办事明态度、服务有温度，用优质的服务跑出优化税收营商环境的新速度。后续的“双减”工作报道中并未强调或重复提及“知尺度、明态度、有温度”的广州模式。

2021 年 8 月 23 日，广州市教育局组织各区教育局和局属中小学校开展“双减”工作专题培训，并部署秋季开学前后相关工作要求。“一是全面深入学习‘双减’意见，重点就作业管理质量、课后服务水平、教育教学质量等工作要求进行解读。二是要求各义务教育学校制订和完善作业管理细则，建立作业校内公示制度，压减作业总量和时长，提高作业设计质量。三是要求各义务教育学校落实课后服务‘两个全覆盖’，全面推行课后服务‘5 +2’模式，优先安排作业指导。四是要求各义务教育学校优化教学方式，强化教学管理，提高教学质量，确保学生在校内学足学好；同时，要严控考试次数，严格考试评价管理，降低学生考试压力。”

2021 年 8 月 26 日，广州市教育局印发《关于切实减轻义务教育阶段学生作业负担提高教学质量的通知》，在组织开展专题培训和部署的基础上，以“三提两优一少”为主要举措，目的在于进一步减轻义务教育阶段学生作业负担，推动学校教育教学质量和服务水平进一步提升，使作业布置更加科学合理，使学校课后服务基本满足学生需要，使学生学习更好回归校园。

“三提”指提高课堂教学质量、作业设计质量和学生身体素质，具体要求如下：

一是提高课堂教学质量。义务教育学校要严格落实国家课程方案，开齐开足开好国家规定课程，深化课程改革，积极推进幼小、小初科学衔接，帮助学生做好入学准备，严格按课程标准零起点教学。鼓励因材施教，鼓励学校应用人工智能手段支持教学诊断与改进，组织学生进行拓展学习和深度学习，培养学生主动学习习惯和自主学习能力。对学习困难学生予以个别化指导。严禁违规补课。

二是提高作业设计质量。义务教育学校要建立以校长为第一责任人的作业管理机制，制订作业管理细则，建立校内作业公示制度。小学一、二年级不布置家庭书面作业，小学三至六年级书面作业平均完成时间不超过60分钟，初中书面作业平均完成时间不超过90分钟。鼓励实行每周一天“无作业日”。节假日也要控制书面作业时间和总量。加强研究作业优化设计与有效管理的实施策略，探索布置弹性作业、跨学科作业。坚决克服机械、无效作业，杜绝重复性、惩罚性作业。严禁给家长布置或变相布置作业，严禁要求家长检查、批改作业。

三是提高学生身体素质。鼓励义务教育学校每天开设1节体育与健康课程。学生每天校园体育活动1.5小时以上，每天安排至少30分钟的大课间体育活动，每节课间应安排学生走出教室适量活动和放松。学校要落实面向全体学生的体质健康测试制度，建立学生体质健康档案，制定并实施相应的体质健康提升计划。

“两优”指优化校内课后服务和作息安排，校内课后服务实现两个“全覆盖”，具体要求如下：

一是优化校内课后服务。2021年秋季学期起，实现校内课后服务义务教育学校全覆盖、有需求的学生全覆盖。推行“5+2”课后服务模式，正常上课日周一到周五都开展，每天至少2个学时，其中至少安排一个学时的基本托管，指导学生完成作业，为学习有困难的学生进行补习辅导与答疑。实行弹性离校，对于确有困难在18:30以后仍需留校的学生，学校应提供基本托管。

二是优化作息安排。小学上午上课时间不早于8:20，中学不早于8:00。学校要指导家长和学生制订学生作息时间表，小学生就寝时间不晚于21:20，每天睡眠时间应达到10小时；初中生就寝时间不晚于22:00，每天睡眠时间应达到9小时。个别学生经努力到就寝时间仍完不成书面作业的，也应按时就寝。

“一少”即减少考试次数，严禁组织周测、月考及公布成绩排名，具体要求

如下：

小学一年级上学期设置为幼小衔接入学适应期，不得进行任何形式的学科统一考试，下学期可组织考试不超过 1 次；小学二年级每学期学校可组织 1 次统一考试；小学其他年级及初中每学期不超过 2 次统一考试。严禁组织周测、月考，严禁提前结课备考。考试成绩呈现实行等级评价，严禁以任何形式公布学生成绩和排名。

2021 年 9 月 30 日，为配合政策执行，落实对培训机构的监督，在信息化建设方面，广州市教育局开设的“校外培训机构专区”在“穗好办”App 上线。该专区面向市民提供查询、监督和投诉服务，市民只需下载并打开“穗好办”App，在“特色专区”点击进入“校外培训机构”专区，即可查询校外培训机构信息，查看教育培训政策公告，以及进行监督投诉。

2021 年 10 月底，广州市召开市委常委会会议暨市“双减”工作领导小组会议，听取“双减”工作情况，部署下一步工作。会议由市委书记主持，强调“要认真贯彻落实党中央、国务院决策部署及省委、省政府工作要求，把教育优先优质发展作为重大政治任务，先行先试、积极探索，全面提高学校教学质量，全面治理校外培训违规行为，在全国全省‘双减’工作中展现广州担当、作出广州贡献”。“一要强化学校教育主阵地作用。深化教育教学改革，健全以校长为第一责任人的作业管理机制，建立全周期教学管理规程和以学校为主的课后服务供给体系，完善教育质量评价体系和教师管理体制机制，加强师风师德建设，进一步做强做优学校教育。二要全面规范管理校外培训机构。严把教学关、审批关、引导关、治理关，从严规范校外培训行为，依法强化常态运营监管，严格查处违规办学行为，防范化解教育培训行业风险，推进校外教育培训回归育人本位、成为学校教育的有益补充。三要强化组织保障。市‘双减’工作领导小组办公室要加强统筹协调，各区党委政府要落实义务教育主体责任和‘双减’工作属地责任，各相关部门要各司其职、协同配合，完善‘双减’制度保障体系，压实学校和培训机构责任，加大督查督办和宣传引导力度，推动‘双减’工作落地见效。”

2021年12月3日，为进一步强化校外培训广告管控，广州市教育局联合市场监督管理局召开校外培训广告管控工作行政指导会。会议邀请全市40多家媒体、互联网平台、广告经营主体、教育机构和教育协会负责人参加。市教育局校外教育培训监管处负责人传达了国家有关“双减”工作的精神和要求，通报了广州市校外培训治理和减轻校外培训负担相关工作情况，强调主流媒体、新媒体、公共场所、居民区各类广告牌和网络平台等不刊登、不播发校外培训广告，不得在中小学校、幼儿园内开展商业广告活动，不得利用中小学和幼儿园的教材、教辅材料、练习册、文具、教具、校服、校车等发布或变相发布广告。同时要求各校外培训机构按要求做好招生简章备案工作，按照招生简章开设培训课程，保证培训质量，不得进行虚假不实宣传，误导学员及其监护人。广州市市场监管局广告监督管理处负责人解读了国家市场监管总局等八部委发布的《关于做好校外培训广告管控的通知》精神要求，明确提出下一步广告管控的工作重点。要求各主流媒体、新媒体、网络平台、户外广告经营管理单位等相关市场主体，立即组织开展自查整改，全面梳理并立即停止在播、在刊的校外培训广告发布行为，确保清理存量、杜绝增量。未停止刊播的，依法依规追究相关单位、人员责任；涉及广告内容虚假违法且未按期整改的，将依法从重处罚。广州市教育局还推出“双减”公益广告，在广州大道南方报业大厦和环市东路世贸中心大厦户外电子大屏滚动展播，内容为校外培训机构报名注意事项、劳动教育、家校共育、红色研学等，让全社会共同关注“双减”政策，关注孩子成长。

2021年12月9日，广州市教育研究院举办的广州教研赋能“双减”提质增效现场会，以“夯实学校教育主阵地，把好课堂教学质量关”为主题，通过主题研讨、高品质课堂展示、多元优质作业设计展示等多种形式，在线上直播平台展示“双减”背景下区域教研探索和学校教育管理实践。

2022年寒假，广州市深入开展校外培训整治，严查违规校外培训行为，切实提升校外培训治理的深度、广度。线下方面，每周开展联合执法检查，教育、公安、市场监管、卫健、科技、文广旅、体育、消防等八部门会同相关区教育局，每周对2至4个区开展线下校外培训机构联合执法检查，确保区域检查全覆盖，持续以高压态势推动校外培训治理。线上方面，合力扫除违规盲点死角。

2022 年 1 月 24 日，教育、网信、公安、市场监管等四部门召开专题会议，部署启动联合开展线上巡查专项行动，打击违规学科类培训，合力扫除利用网络违规超时开展学科类培训的盲点死角，巩固学科类培训机构压减成效。

2022 年 2 月 24 日，广州市各民主党派开展“双减”专项民主监督工作启动会，各民主党派广州市委会及市区两级统战、教育部门有关负责人参加，要求各民主党派充分发挥民主监督作用，紧扣重点内容，深入学校、深入群众、深入学生，开展考察调研，摸清真实情况，发现困难问题，提出真知灼见，切实把监督过程变为发现问题、解决问题、推动政策落地落实的过程，为推动广州“双减”工作取得新的更大成效广泛凝聚智慧和力量。广州市委统战部、市教育局联合印发《关于支持各民主党派广州市委会开展“双减”专项民主监督工作的实施方案》，提出 8 个方面 25 项重点工作，明确监督工作对口安排、主要形式等多项具体任务。

2022 年 5 月 18 日，为加强校外培训治理第三方民间力量，拓宽社会监督渠道，推动形成全社会参与并广泛支持校外培训治理的良好氛围，广州市成立首批校外培训社会监督队伍。首批 17 名市级监督员全部为本科及以上学历，覆盖面广泛，既有中共党员，也有民主党派、群众代表，还有“两代表一委员”，既有来自科技、文化、体育、新闻、司法界的工作者，也有与“双减”密切相关的中小学教师、教育科学研究人员。监督员将在各自工作领域发挥专业优势及工作便利，按照《监督员工作管理办法》规定的职责和流程依法履职，及时发现和移交违规培训线索，协助宣传“双减”政策精神。

二、各区政府部门层面“双减”政策执行概况

广州市“双减”工作采用“市级统筹、属地负责、学校（机构）主责”的责任落实机制，所谓的属地即各辖区。广州市辖区有越秀、海珠、荔湾、天河、白云、黄埔、花都、番禺、南沙、从化、增城，共 11 个区。除了市一级层面的举措，各区也结合各自情况跟进实施“双减”政策。

2021 年 8 月，天河区制定“双减”方案计划，核心是做好课堂教学改革、作业设计改革，实现量降质升，减轻学生负担。课堂教学改革在其 17 所种子学

校开展，作业设计改革试点取得了一定成效。

2021 年 9 月，增城区教育局联合区卫生和健康局、区市场监督管理局、区公安分局和各镇街组织 15 个工作检查组，对全区校外培训机构落实“双减”政策开展全覆盖专项督查。重点检查校外培训机构是否占用国家法定节假日、休息日及寒暑假期组织学科类培训；是否取得办学许可证和营业执照；招生简章和招生广告是否向审批机关备案并向社会公示；是否与学生或其监护人签订和遵守规范化服务合同等。

2021 年 9 月 8 日，海珠区委领导到南武中学开展教师节慰问，督导“双减”工作和校园疫情防控工作，要求区属学校坚决落实“双减”工作要求，做好“教学质量与学生素质”两个统筹，站稳教育主阵地，培养更多合格的社会主义建设者和接班人。

2021 年，从化区教育局印发《关于组织“双减”专项督查的通知》。此外，从化区制定落实“双减”情况督查表，将“双减”“五项管理”等工作细化成 78 条指标，自 2021 年 8 月 18 日起，组织 5 个专项督导小组对全区 92 所中小学、107 所幼儿园、41 所校外培训机构开展全覆盖督查。同时，要求小学上学时间不早于 8:20，中学不早于 8:00；发挥学校主阵地作用。有 64 所小学开展校内课后托管服务。

2021 年 9 月，荔湾区发布《荔湾区公办中小学优质午休工作实施方案》，明确在当年 12 月底以前，全部公办中小学实现优质午休的目标。西关培正小学定制了一批可变成午休折叠床的午休柜，该校恩宁校区共 31 个班、近 1 200 名学生全部实现“平躺睡”。广州市第五中学经过多次实验和探索，成功创造出“教室变身术”——午休前同学们把桌子和凳子都挪到两边，桌子摆放在一起，上面放上垫子，形成两个“大通铺”；凳子也放上垫子，变身小床；中间地面则铺上垫子，打造“地铺”。通过“教室变身术”，该校初中部近 1 200 名学生都拥有了“平躺睡”的条件。

2021 年 10 月，南沙区开展中小学“双减”工作全覆盖专项督查。“双减”工作督查组通过“听汇报、查资料、看现场”的方式，重点对课后服务及作业管理、手机管理、作息时间安排、教辅读物进校园、加强学生体质健康监测等

“五项管理”工作进行督查。督促指导各中小学校结合实际制定学校“双减”工作个性化措施，以切实减轻学生课业负担为突破口，实施个性化课后服务，逐步建立和完善“双减”长效机制，稳步提高素质教育实施水平。

2021年11月，番禺区召开“双减”工作调度会，区委政法委、区公安分局、区教育局先后就番禺区“双减”工作推进落实情况进行了通报。区委政法委、区公安分局、区信访局和区市场监管局就推进“双减”工作出现的问题进行了交流探讨。

2021年11月，从化区组织召开2021年全区中小学“双减”政策下校本教研现场会，全区中小学校长、教学副校长、教导处主任及部分科组长、备课组长等参加。现场会系统总结了开学至今“双减”工作成效及经验做法，全面分析当前从化区在落实“双减”工作时出现的问题和遇到的挑战，研究部署下一阶段工作任务。会议通过主题课例展示、优秀作业设计展览、“双减”专题研讨、学科组经验交流等多种形式，全面展现从化区在落实“双减”工作中取得的实效与成果。

三、“双减”政策执行经验介绍

2021年12月13日，广东省教育厅以“广州市积极推进‘双减’试点工作”为题在教育部网站进行经验介绍，具体如下：

聚焦组织保障，完善工作机制。成立市委书记任组长的“双减”工作领导小组，将“双减”工作纳入市委、市政府重要议事日程，市委常委会会议、市政府常务会议专题研究部署“双减”工作；召开全市“双减”工作会议，协调解决“双减”工作中遇到的问题和困难，督促指导各项举措有序推进。围绕培训机构治理、风险防范化解、作业管理、教师队伍建设等重要环节和领域，已出台22项政策文件，指导完善校内课后服务，强化培训机构监管，压减培训机构规模。建立“党委政府领导、教育部门牵头、各部门协同、纪委监督、上下联动”的工作机制和“市级统筹、属地负责、学校（机构）主责”的责任落实机制，构建“半月督导、周台账、周简报、日更新＋项目督办”的工作监督机制。市委政法委牵头成立由教育、公安、网信等17个部门组成的防范化解教育培训行业风险工作专班，强化工作联动和应急响应。指导11个区全部成立以区委书记为组长的“双减”工作领导小组和政法委牵头的防范化解风险工作专班，进一步凝聚工作合力，确保“双减”工作平稳有序开展。

聚焦校内提质，建好学校主阵地。强化作业管理，建立以校长为第一责任人的作业管理机制，出台义务教育阶段作业设计与实施专业指引，构建“基础类—提升类—拓展类”分层进阶作业体系，提高作业设计质量。强化体育锻炼，确保学生每天校园体育活动1.5小时以上，每天安排至少30分钟的大课间体育锻炼，落实面向全体学生的体质健康测试制度，提高学生身体素质。强化校内课后服务，构建涵盖学业巩固、学科拓展、综合实践、素质提升等内容的课后服务体系，以区为单位建立第三方社会机构引进和动态管理机制，实行白名单管理制度，丰富课后服务资源，提供多元化课程清单供学生选择。强化作息管理，小学上午上课时间不早于8:20、中学不早于8:00，努力创造条件实现午休“平躺睡”；加强家校协同，调整优化学生作息时间，努力保障学生充足睡眠。优化考试评价，落实小学一二年级不进行纸笔考试，义务教育其他年级由学校每学期组织一次期末考试，严禁组织周测月考和公布成绩排名，考试成绩呈现实行等级制，严禁提前结课备考，加强学习过程评价，鼓励实践性评价。

聚焦校外治理，规范培训行为。强化转型指引，出台“营转非”、机构转型和终止办学三个指引，按照“逐个排查、逐项整改、一家一档、一治一案”的工作原则，全面排查、摸清底数，把好“教学关、审批关、引导关、治理关”四道关口，引导机构转型或良性退出。强化风险防控，建立风险防控和应急处置机制，实行早发现、早应对、早处置，大型机构必谈、有经营困难机构必谈的“三早两必谈”工作法，以司法建议书的形式解决治理过程中衍生的场地租赁、学员退费、劳动纠纷等问题。发布《校外培训机构规范办学行为提示书》《警惕校外培训机构风险提示书》，公布机构“白名单”和市、区监督举报电话，上线“穗好办”平台，为市民提供便捷的查询、监督服务。强化联合执法，采取“四不两直”方式，开展“明查+暗访”常态化督导检查，运用通报、约谈、挂牌督办、“回头看”等手段加强监管，推动问题立行立改。对存在问题较多、政策落实不力、成效不明显的区域和培训机构进行严肃处理。强化转型服务，教育部门积极协调机构开展行业互助，承接退出机构未完成课时，助力机构良性转型和退出；发动全市公办和经营性人力资源服务机构，针对性储备教培人员就业岗位2.5万个，组织9场线上招聘会，推动培训机构人员分流再就业。

因“双减”是个系统工程，涉及多部门，故首先要完善顶层设计，健全体制机制。从作为试点城市开始，广州市考察政策执行成效的第一维度就是看校外培训机构的审批和管理。在政策工具方面，推出《广州市校外培训机构管理条例（征求意见稿）》《广州市培训机构监督管理办法（征求意见稿）》和《广州市校外培训机构预收费资金监管办法（试行）》，建立从审批、监管、处罚到退出的全闭环管理体系，特别是坚持从严审批机构，第一时间停止审批学科类校外培训机构，所有学科类校外培训机构进行重新审核登记。在执法层面，推动市、区两级教育行政执法队伍与市场监管部门建立常规动态联络机制，加大执法力度，顶格处罚违法违规行为。截至2022年1月，广州市市场监管局联合教育部门开展校外培训机构广告专项治理，公开曝光5宗教育培训违法广告典型案例，罚款45.08万元，查处价格违法及不正当竞争违法行为，对3家机构共处700万元顶格处罚。坚持“疏堵结合”，出台校外培训机构“营转非”、转型、终止办学和学科类非学科类项目鉴定4个指引，协助校外培训机构从性质、思维、业务和模式4个方面依法依规完成转型退出。在培训机构从业人员转型方面，广州市人力资源和社会保障局制定《防范化解教培行业人员转岗就业风险隐患的应急工作预案》，发动全市公办和经营性人力资源服务机构，针对性储备教培人员就业岗位4.1万个，组织教培行业线上招聘会，推动机构人员分流再就业。广州市教育局与广州市中级人民法院联合印发《妥善处理校外培训机构治理过程中有关问题的通知》，协调解决治理过程中衍生的场地租赁、学员退费、劳动纠纷等问题。

“明查+暗访”常态化督导检查是政府部门常用的执行方式。寒暑假期间，因学生空闲时间较多，政府部门会采取特别措施进行督查。如2022年寒假，截至2022年2月11日，广州市市级寒假联合执法检查共发现违规办学、消防安全等相关问题91项，持续督促各区立行立改，认真落实整改。与此同时，各区采用多种方式持续强化校外培训治理不放松。自2022年1月28日起，各区教育局陆续通过官方门户网站、官方微信公众号等权威方式公布本区校外培训机构负面清单、黑白名单，加强对校外培训机构的社会监督。海珠区检查持证培训机构、无证培训机构、“地下”培训机构 140 家，并建立“双减”曝光台，曝光通报 7 家机构违规培训行为。黄埔区成立校外培训专项排查和联合执法工作专班，累计出动执法人员 112 人次，检查 219 家机构，发出 16 张整改通知书。越秀区组建 17 个专项检查组，对辖区内面向中小学生和 3—6 岁学龄前儿童的 168 家线下校外培训机构完成两轮实地检查。

第二节　政府部门“双减”政策执行情况分析

从以上政府部门“双减”政策执行概况可以看出，广州市一级政府部门——特别是广州市教育局，是“双减”政策执行的核心行动者。因“双减”政策国家层面的主导部门是教育部，故市教育局也就自然成为市政府层面的执行主体。

一、广州市“双减”政策执行中政策工具的选择

政策工具是政府能够用以实现特定政策目标的一系列机制、手段、方法与技术，是政策目标与政策结果之间的纽带和桥梁。政策执行的实质或过程总是包含着在可以利用的工具箱中选择一种或几种政策工具。① 从广州市政府层面的“双减”政策执行情况来看，其首先通过使用政策工具箱来落实中央政府政策要求，如制定《广州市校外培训机构管理条例（征求意见稿）》《广州市培训机构监督管理办法（征求意见稿）》和《广州市校外培训机构预收费资金监管办法（试行）》等，对校外培训机构进行监管。

在公共政策领域，政策工具可以根据国家干预程度分为三种类型：自愿性工具、混合性工具和直接工具。自愿性工具的核心特征是很少有或几乎没有政府干预，是在自愿的基础上完成预定任务，范围包括家庭与社区、志愿者组织、市场

① 吕志奎．公共政策工具的选择：政策执行研究的新视角［J］．太平洋学报，2006（5）：7－16.

等。直接工具直接作用于目标个人或公司，范围包括管制、公共事业、直接提供等。混合性工具兼具自愿性工具和直接工具的特征，政府可以不同程度地介入非政府部门决策的形成过程，范围包括信息与劝解、补贴、产权拍卖、征税与用户收费等。[①] 从政策工具的分类上看，在“双减”政策执行过程中，对于教培企业来说，政府采用的是直接工具，可以进行罚款或停业整顿处理，具有较强的针对性。

在教育政策领域，政策工具可以分为命令性工具、激励性工具、能力建构工具、系统变革工具和劝告工具等五种类型。命令性工具就是直接工具，即政府通过统计权威，规范目标群体行为。激励性工具指给目标群体以资金等支持，作为达成政策目标的奖赏。能力建构工具指政府资金用于材料、智力和人力资源，期望产生长效的结果，如我国的义务教育财政转移专项补助。系统变革工具指通过某项政策转换个体和机构之间的权力，改变产生公共产品和服务的社会关系的本质。劝告工具指政府优先考虑某些目标和行动，运用象征手段等鼓励人们依据所倡导的价值行事，并不涉及奖励和惩罚。不同教育情境下要选择不同教育政策工具，可以根据实际情况综合运用。[②] 在“双减”政策执行中，广州市教育局等政府部门采用多种工具，对学生家长等进行引导，比如采用劝告工具，发布《校外培训机构规范办学行为提示书》《警惕校外培训机构风险提示书》等。

从政府层面来说，政策工具是实现政策目标的基本途径。对于“双减”政策而言，只有通过有效执行才能达成目标，而达成目标必须有相应的政策工具作为媒介与手段。因此从这一意义上说，政策本身就是工具。换言之，“双减”教育政策是一个大工具箱，国家发布指导性意见，各地政府根据地方实际采用小工具或配套工具，所有工具的集合和目的都指向同一个目标，那就是有效减轻义务教育阶段学生过重作业负担和校外培训负担。在“双减”政策执行中，目标是确定的，只有选择和设计有效的政策工具，才能规范目标群体的行为，使目标群体的行为符合政策目标要求。

---

① 豪利特，拉米什．公共政策研究：政策循环与政策子系统［M］．庞诗，等译．北京：生活·读书·新知三联书店，2006：141－169.

② 黄忠敬．教育政策工具的分类与选择策略［J］．国家教育行政学院学报，2008（8）：47－51.

“有效减轻义务教育阶段学生过重作业负担和校外培训负担”这一“双减”政策目标所指向的群体包括教培企业及员工、学校及教职工、学生和家长等。对于地方政府来说，学校属于事业单位，可以通过人事和财政来进行管辖，可以通过对校长的管理来实现政策目标。因此在减轻学生过重作业负担方面，通过《关于切实减轻义务教育阶段学生作业负担提高教学质量的通知》、以校长为第一责任人的作业管理机制等政策工具来推进。

政府选择直接工具对校外培训机构进行管理来实现“双减”政策执行。“执行”在英文中对应的词是“implement”，其来自拉丁文，原意是“工具、器具、用具”等，后引申为选择“工具”执行政策，而政策执行的核心也在于选择和设计有效的工具。对于广州市政府来说，选择直接工具来规范校外教培机构的行为，有助于达成政策目标。广州市政府及各区政府对校外培训进行规范和监管，市政府层面采用政策工具，区政府层面加强执法监管，这在一定程度上达成了“有效减轻义务教育阶段学生过重校外培训负担”的目标。

二、广州市“双减”政策执行网络中的核心行动者

“政策执行网络”（policy implementation network）是来自政治学、公共行政学的学术概念，是“政策网络”概念在执行领域的延伸和运用。政府网络及政策执行网络概念都存在争议。撇开有关概念的争议，大体来说，关于政策网络的研究可以分为三个层次：一是从网络行动者互动视角进行分析的微观层次；二是从组织结构视角开展研究的中观层次；三是将政策网络视为一种治理模式的宏观层次。① 政策网络执行的概念也存在两种代表观点。一种以劳伦斯·奥图尔（Laurence J. O' Toole）为代表，认为政策执行网络是政策网络的一种类型，是为实现政策执行目标而采取行动的公共和私人组织构成的高度分化、复杂的网络，并将政策执行网络视为一种实现既定目标、具有社会构建性的工具。② 另一种以

---

① RHODES R A W. Understanding Governance: Policy Networks, Governance, Reflexivity and Accountability [M]. Buckingham, Philadelphia: Open University Press, 1997: 136–142.

② O' TOOLE L J. Treating Networks Seriously: Practical and Research-based Agendas in Public Administration [J]. Public Administration Review, 1997 (1): 45–53.

安德鲁·格兰瑟姆（Andrew Grantham）为代表，认为政策执行网络是行为者之间的一种互动模式，围绕政策问题或政策方案形成，网络中的参与者既交换资源，又就（额外的）资源进行协商或竞争，以生成政策执行结果的输出。① 虽然政策执行网络的概念和内涵存在争议，但研究者达成共识的是——在政策执行中，旧的单一组织分析视角已经被网络分析所取代，网络分析成为公共政策执行研究的重要途径。

在研究视角方面，政策执行网络研究可以分为过程视角和工具视角。前者将政策执行网络视为客观的政策执行过程和政策现象，用网络来描述和解释政策执行过程，在研究中侧重于执行网络形成与变化、行动主体互动与协作、网络结构特征的研究。后者将执行网络作为一种工具，用网络来解释政策执行的结果，侧重于执行网络与执行产出/结果关系的研究。②

在"双减"政策执行研究中，政府部门层面同样存在不同角色和分工。在国家层面，"双减"教育政策的执行部门主要是教育部；在地方政府层面，广州市教育局是"双减"教育政策执行的主体部门。关于执行主体在政策执行网络中的角色特征，社会网络研究中的"多边经纪人角色"（multilateral brokerage role）可供参考，也就是说，在政策执行网络中，需要一种核心行动主体将网络中的行动主体联系起来，以维持网络整体的运行。③ 广州市教育局在"双减"政策执行中就属于"多边经纪人角色"，其联结其他部门进行政策执行。比如联合广州市市场监督管理局召开校外培训广告管控工作行政指导会，开展校外培训机构广告专项治理；又如与广州市中级人民法院联合印发《妥善处理校外培训机构治理过程中有关问题的通知》，协调解决治理过程中衍生的场地租赁、学员退费、劳动纠纷等问题。因此可以说，在广州市政府层面的政策执行网络中，广州市教

---

① GRANTHAM A. How Networks Explain Unintended Policy Implementation Outcomes: the Case of UK Rail Privatization [J]. Public Administration, 2001 (4): 851 - 870.

② 陈静，黄萃，苏竣. 政策执行网络研究：一个文献综述 [J]. 公共管理评论，2020 (2): 105 - 126.

③ MANDELL M. Application of Network Analysis to Implementation of Complex Project [J]. Human Relations, 1984 (7): 659 - 679.

育局就是核心行动者，就是“多边经纪人”。

职权冲突也是政策执行中需要考虑的因素之一。政策执行部门之间的职权冲突是政策执行不力甚至政策失效的原因之一。职权冲突指各行政主体在行使行政职权过程中由职权界定导致的争议或对抗。表现形式主要有以下三种：一是对同一行政管理事项，两个或两个以上行政主体都认为自己有管辖权而他方无管辖权；二是对同一行政管理事项，两个或两个以上行政主体都认为自己无管辖权而他方有管辖权；三是对同一行政管理事项，两个或两个以上行政主体都认为自己和他方有管辖权，但在管辖的方面、程度或主导性上存在争议。① 目前来看，广州市由市委书记担任“双减”工作领导小组组长，教育局牵头多部门进行联合发文和执法，并在教育局设置新部门即校外教育培训监管处，未发现职权冲突情况。

三、广州市“双减”政策执行中政府部门权力获得

政策执行行动主体的权力可以分为两类。一是制度性权力（institution power），即行动主体通过行政任命获得的正式权力；二是结构性权力（structural power），即行动主体在网络中由于处于有利结构地位而获得的非正式权力。② 从“双减”政策执行来看，广州市教育局的主体权力主要为结构性权力，而非制度性权力。

在中国政府现有的工作惯例中，在推进某项重要工作时，往往会成立工作领导小组，以国家和地方政府的“一把手”为工作领导小组组长，负责组织和协调工作。“双减”工作也不例外，如广州市就是由市委书记担任“双减”工作领导小组组长，将“双减”工作纳入市委、市政府重要议事日程，召开全市“双减”工作会议，协调解决“双减”工作中遇到的问题和困难，督促指导各项举措有序推进。

---

① 常健，翟秋阳．论政策执行过程中的职权冲突及其化解［J］．中国行政管理，2007（11）：17－20.

② KARIN I，PHILIP L．Structural and Institutional Determinants of Influence Reputation：A Comparison of Collaborative and Adversarial Policy Networks in Decision Making and Implementation［J］．Journal of Public Administration Research and Theory，2016（1）：1－18.

在工作领导小组成立并由“一把手”任组长后，还须建立工作机制。如广州市在“双减”工作中就建立“党委政府领导、教育部门牵头、各部门协同、纪委监督、上下联动”的工作机制。为了更好对接上级并开展专项工作，广州市教育局成立了校外教育培训监管处，对应教育部的校外教育培训监管司和广东省教育厅校外教育培训监管处。该处室的工作职能如下：

承担面向中小学生（含幼儿园儿童）的校外教育培训管理工作，指导校外教育培训机构的建设，拟订校外教育培训规范管理政策；会同有关方面拟订校外教育培训机构设置、培训内容、培训时间、人员资质、收费监管等相关标准和制度并监督执行，组织实施校外教育培训综合治理，指导校外教育培训综合执法；及时反映和处理校外教育培训重大问题。

从该处室的职能来看，需要“会同有关方面”来对人员资质、收费管理等进行标准拟定和监督执行，该处室本身并不具备直接的行政执法权力。从多方面可以看出，广州市教育局在“双减”政策执行中获得的主体权力属于结构性权力，因为“双减”在国家层面由教育部牵头，是事关学生教育问题的工作，因此广州市由教育局牵头和统筹市级政府层面的工作。

第三节　“双减”政策执行中政府部门工作人员的转译

随着时代发展，人们获取信息的渠道越来越多，关注的信息也各有不同。政策信息获取的主要途径有两种，一是政府部门公告，二是主流媒体报道，人们一般看的是以政府部门公告为基础的主流媒体报道。在“双减”政策执行中，通过政府网站和主流媒体，如广州市人民政府、广州日报、广州市教育局网站等，可以了解政策执行概况。从政策执行研究的视角看，需要对政府部门工作人员即具体的政策执行者进行观察和分析，以了解更多情况和细节。

对政府部门工作人员进行问卷调查存在较大困难，因此，本书主要通过观察的方式来了解情况，即通过参加政府部门举办的一些会议及在办理业务时进行观察。笔者属于隐蔽观察者，不表明身份。在访谈方面，因广州市“双减”工作落实采用“市级统筹、属地负责、学校（机构）主责”的责任机制，故在政府部门层面，本书原计划以政策执行的核心部门即广州市教育局的工作人员、辖区内部分区教育局的工作人员作为对象进行访谈，笔者也提前准备了访谈提纲，但在实施过程中，受访谈环境、访谈对象时间等因素影响，未能按照研究规范和访谈提纲进行，更多时候是一种常见的社交场合的闲聊。闲聊的好处是氛围轻松，可以获取其他信息。因此，本节内容主要是笔者通过观察，对政府部门工作人员在政策执行中的态度和行为进行分析，从而大致得出政府部门工作人员在“双减”政策执行中的转译行为情况。

一、“双减”政策执行的符号化转译

受公共政策执行模式研究的影响，教育政策执行者行为模式与公共政策执行模式具有较大相似性。政策执行模式多种多样，可以将教育政策执行者的行为模式分为自上而下、自下而上和综合性模式三种类型。[①] 对身份为政府部门工作人员的政策执行者而言，自上而下的忠实执行模式是最常见的。自上而下的政策执行指执行一项政策的基本决定，通常是在一项法规中进行的，理想状况是鉴别问题而做出的决定被执行，规则的目标被实现，政策实施结构多样化。[②] 就中国的政策执行而言，政策发布后，经党中央、国务院统一部署，各地方党委和政府部门会以颁布的政策为蓝本来严格执行。这一行为意识也体现在“双减”政策执行中。在观察和交流中发现，政府部门工作人员的态度如下：

我们所有的工作都要以党中央、国务院的要求为指引和依据，要符合上级部门的有关政策和规定。（*Z*－*G*－*L*－1－1）

执行研究不能只关注执行行为，还应从制度环境与行为互动的角度来理解，如

---

① 杨聚鹏. 教育政策执行者的行为研究述评：模式、影响、规制［J］. 现代教育管理，2016（11）：46－50.

② SABATIER P，MAZMANIAN D. The Implementation of Public Policy：A Framework of Analysis［J］. Policy Studies Journal，2005（4）：540.

国家制度环境等。①政策执行依托于政府部门组织。政府部门工作人员在保持专业的同时要有高度的政治意识，首先要与党中央和国务院保持一致的态度和立场。无论在公开场合还是私下场所，政府部门工作人员都会时刻注意自己的言论和行为。

政府部门工作人员在政策执行过程中，也会关注某项工作或政策的推动者或发布者是谁。在手头有多项工作的情况下，会根据推动者或发布者的情况来对工作开展进行排序。因此政府部门工作人员表现出如下立场：

"双减"政策是党和国家的重要民生工程，也是我们这几年的重点工作，全局上上下下都会积极配合工作开展。(*Z*－*T*－*H*－1－1)

"双减"工作是教育部党组的"一号工程"，前文提到，广州市"双减"工作由广州市委书记领导，市委书记担任领导小组组长，各政府部门领导也非常重视，政府部门如教育局的工作人员对顺利开展执行工作充满信心。平时常规业务工作中各司其职，专项工作则要依靠专门的领导小组来推进，这是政府部门推进专项工作的常见做法。"双减"政策是党和国家从上到下都高度重视的工作，事关我国教育事业，政府部门工作人员将其符号化为"重要且紧迫"的任务，并积极推动"双减"政策执行。

二、"双减"政策执行的身份化转译

政策执行者在社会生活中具有多种身份，有自然人、经济人、社会人、政治人等身份属性。政府部门工作人员在政策执行中也扮演着多种角色。政策执行者在价值选择上具有两种理性，即工具理性（instrumental rationality）和价值理性（value rationality）。

"双减"政策的目标是"有效减轻义务教育阶段学生过重作业负担和校外培训负担"，这一表述呈现出一定的工具理性特征，即注重通过具体措施来实现预期效果。若从价值理性角度出发，"双减"政策的最终目的是实现学生德智体美

① O' TOOLE L J. Research on Policy Implementation: Assessment and Prospects [J]. Journal of Public Administration Research and Theory, 2000 (2): 263－288.

劳全面发展和健康成长。在政策设计和执行过程中，“义务教育阶段减轻负担，高中阶段突出选拔”的评价机制配套问题也是需要跟进的，且需要较长周期。从短期来看，“双减”政策得有合适的抓手和突破点，政府部门须以显性执行成效给人们传递信息和树立信心。在实际执行过程中，对政府部门而言，操作性较强的做法是对校外培训机构进行有效监管。

部分政府部门工作人员在日常工作实践中善于运用工具理性思维来推动政策执行。其充分运用政策的价值导向来推进工作，借助专项行动合理解决一些较难顺利解决的工作难题。专项行动通常会专门成立部门或抽调工作人员，“双减”政策执行也是如此。以下观点具有一定代表性：

我是主动申请来这个新部门的，我在原部门的工作跟现在的工作有些交叉，现在这项工作各方重视，可以推进一些以前想做而没有做成的工作。（*Z*－*G*－*X*－1－2）

上述执行者熟悉政府部门运作方式和工作流程，能有效推进各项工作。在政府部门的干部选拔中，这一部分群体往往能脱颖而出，因为其在平时的政策执行中体现出对工作的重视，并努力实现政策意图和目标。无论是在正式工作场合还是社交场合，其都表现出负责、踏实的政策执行取向。

三、“双减”政策执行的策略化转译

为推动“双减”工作，解决教育部门工作人员在监督巡察中需具备执法人员身份的问题，2021年11月30日，教育部为首批取得中华人民共和国行政执法证的教育部工作人员颁发证件，其中包括校外教育培训监管司的全体工作人员，这实现了教育部持证执法人员“零”的突破，标志着教育部已经初步形成了一支具备执法能力、具有规范证件的执法队伍。而在地方政府层面，不少地方教育局的工作人员更早就取得了执法工作证，如广州市教育局在2020年就有41名工作人员持有广东省人民政府行政执法证。对于教育局的工作人员而言，虽然校外培训监管是一项新工作，但由于具备了执法权，就可以独立开展工作，因此其认为这是一种有利于工作的尝试：

教育局来管校外培训机构是合理的。人们一提到教育，首先想到的肯定是教育局。我们管有我们管的好处，市场管理这块的执法权能为以后开展其他执法工作铺开一条路。（*Z*－*G*－*J*－1－3）

执行者对教育政策执行的影响可以分为以下五种类型：一是管理知识欠缺和实践经验不足；二是对教育政策的认同程度低；三是缺少有效的沟通协调机制；四是个人利益和地方保护主义产生影响；五是目标群体对教育政策执行的顺从度较差。[①] 目前在政府部门工作人员层面，“双减”政策执行者并未呈现出以上特征。

第四节　小结

在政策执行中，如果执行人员未按政策规定的程序和内容执行，往往会导致政策失真，其主要体现为以下五种形式：一是政策表面化，即在执行过程中只宣传不实施，政策未得到具体落实；二是政策扩大化，即自行在政策之外附加了不恰当的内容，使政策的调控对象、范围、力度、目标超越了原定要求；三是政策缺损，即在执行某项政策时有所保留，只实施一部分；四是政策替换，即执行过程中政策的实质内容偏离原目标；五是政策贪污，即制定的政策在自上而下的传递过程中被截留，导致政策内容无法传达给目标群体和利益相关人。[②] 笔者对目前政府部门层面的“双减”政策执行情况进行梳理，并未发现以上问题。

从行动者网络理论角度看，广州市教育局是政策执行网络中的核心行动者，通过由市委书记担任组长的“双减”政策工作领导小组来协调各部门工作，特别是在对校外培训机构的监管上。教育局工作人员在政策执行过程中，对政策的转译主要呈现出符号化、身份化、策略化三种形式，并未出现“双减”政策执行偏差或失真的情况。

---

① 毕正宇．我国教育政策执行受阻的执行者原因探析：以农村中小学教师政策执行为例［J］．滁州学院学报，2008（6）：76－79.

② 张才新．政策失真的执行者因素探析［J］．云南行政学院学报，2003（1）：66－69.

第四章
教培机构及其从业人员

问题总能得到解决，生命总会找到出路。

——安德烈亚斯·瓦格纳

《如何解决复杂问题》

第一节 “双减”政策实施前后教培行业发展概况

在“双减”政策执行中，教培机构受影响较大，特别是以义务教育阶段学科培训为主的企业和机构。教培机构及其从业人员既是政策的目标群体，也是政策的执行者。对教培机构在“双减”政策实施前后的发展情况进行梳理和分析，可以对“双减”政策中关于减少中小学生校外培训负担的内容或大环境进行评估。

一、“双减”政策实施之前教培行业发展概况

校外培训指学生在接受正常的学校教育之余自行决定的在校外进行的学习。与各级教育主管部门管辖的普通中小学校不同，校外教育培训机构以营利为目的，主要由市场监督管理部门管辖，其开办需要市场监督管理部门对其法人、资产规模、经营范围等进行审批并颁发经营许可证。校外教育培训机构满足了部分家长和学生根据个人偏好来选择额外教育产品的差异需求。① 本书所讨论的校外教育培训机构不包括以学历教育或成人继续教育为主的教育培训机构，此类机构对场地和师资有较高要求，须教育主管部门给予认证且取得社会力量办学资格方可营业，其培训课程价格须核算并报教育部门批准，增加课程或改变收费须向教育部门申请。本书所讨论的校外教育培训机构主要指针对中小学学生学科成绩、其他活动素养进行专门训练和提升的校外培训机构。

一般认为，20 世纪 90 年代是我国教培行业的草创期。初期教育培训机构最重要的工作就是到公立学校挖掘人才，寻找名师。当通过挖掘名师建立品牌效应、扩大招生后，教育培训机构就开始“造星”，把机构内新入职的教师打造为“名师”。但随着机构数量剧增，市场逐渐从增量变成存量后，企业生存思路就

① 涂欣．透视校外中小学教育培训机构［J］．广西梧州师范高等专科学校学报，2004(4)：44－47.

从打造“名师”向激励“名销售”的方向转变。随着互联网技术发展，教培行业又找到了线上赛道。在过去的10多年中（2010年至今），移动互联网飞速发展，投资创业兴起，在线教育也成为投资的火热风口。2019—2020年，在线教育发展迅猛，多家在线教育公司在一年内完成10多亿美元的融资。2020年，国内教育培训行业共发生238起投融资事件，整体融资金额超680亿元，2019年融资金额为418亿元，也就是说，仅2019年和2020年两年教培行业融资规模就超过了千亿。① 在线教育和教培行业继续扩张，从业人士满怀信心。教育培训机构开始了新一轮员工招聘，大量国际和国内名校毕业生投身教培行业。

二、“双减”政策制定时期教培机构的反应

2021年1月7日至8日在北京召开的全国教育工作会议明确提出：要从全体人民的根本利益出发，自觉站在人民立场上想问题、做决策，推动解决群众“急难愁盼”突出问题；大力度治理整顿校外培训机构，抓好中小学作业、睡眠、手机、读物、体质管理。但教培行业未有明确反应，很多机构观望国家市场监督管理总局的态度和行动。

2021年4月2日，教育部举行新闻通气会，多家官方媒体跟进，如新华网、人民网、光明网。会议介绍中小学生课外读物进校园管理、睡眠管理有关文件，要求小学生在校内基本完成书面作业、中学生在校内完成大部分书面作业，避免学生回家后作业时间过长，挤占正常睡眠时间。校外培训机构培训结束时间不得晚于20：30，不得以课前预习、课后巩固、作业练习、微信群打卡等任何形式布置作业。2021年4月，国家市场监督管理总局开展“‘呵护青少年健康成长’——教育培训类广告清理整治行动”，集中整治市场突出问题，严厉打击利用科研单位、学术机构、教育机构等名义或形象做推荐、证明的教育培训类广告，严厉打击误导青少年的假扮“名师”等教育培训广告。随着其他政府部门的跟进和政策陆续出台，教培行业逐渐警醒，但行业内很多大企业体量庞大，无法及时调整，只能按政策规定调整和观望，大部分教培机构停止招聘工作。

---

① 赵东山．教培行业：告别与新生［J］．中国企业家，2022（1）：40-42．

2021 年 5 月 21 日，中央全面深化改革委员会第十九次会议召开，会上指出校外培训机构无序发展，“校内减负、校外增负”现象突出，要从严治理，严肃查处。2021 年 6 月 1 日，国家市场监督管理总局召开新闻发布会，指出检查发现 15 家校外培训机构存在虚假宣传违法行为，13 家校外培训机构存在价格欺诈违法行为。市场监管部门对 15 家校外培训机构分别予以顶格罚款，共计 3 650 万元。资本市场率先做出反应，开始纷纷撤离，教培企业股价大跌。不少教培企业，尤其是主业或主营收为义务教育阶段学科类课外培训辅导类的教育机构，年初盛大发展的图景变为幻象。

三、“双减”政策实施后教培机构的转型

2021 年 7 月，中共中央办公厅、国务院办公厅印发《关于进一步减轻义务教育阶段学生作业负担和校外培训负担的意见》。“双减”政策正式落地后，教培机构重新调整经营方式及未来发展方向。

一方面，教培企业中的上市公司陆续停止义务教育阶段学科培训业务，内部调整分流。为响应“双减”政策，2021 年 10 月，新东方在线宣布停止义务教育阶段学科类校外培训；2021 年 11 月，好未来、学大教育、高途、网易有道、卓越教育等教培企业也纷纷宣布年底前将陆续停止义务教育阶段学科类校外培训服务。

另一方面，教培企业开始调整业务。一是开展素养类培训。如教培龙头企业“好未来”将旗下品牌“励步英语”正式更名为“励步”，推出励步儿童成长中心和系列素质教育新产品，主打素质教育；卓越教育探索“素质教育 + 社区”新模式，以社区为核心构筑儿童成长的第三空间，打造素质教育基地；瑞思学科英语官网更名为瑞思教育，并新增了三大素质培训业务。二是扩展其他学段类培训，如昂立教育宣布推出考研服务，产品包含在职考研、考研课程、督学伴学、1 对 1 私教班等；高途则发力于成人教育，整合职业教育业务线。三是发力于其他行业，如猿辅导拓展服装行业，旗下北京冰原服饰有限公司申请的多个“猿服道”商标注册成功，国际分类为服装鞋帽、皮革皮具、材料加工，申请日期为 2021 年 11 月。此外，猿辅导还申请注册多个商标，包括“天空织造”“天空制造”等。新东方也在布局教育领域之外的转型，陆续投资成立了多家新公司，涉

及软件开发、职业中介、食品经营、互联网信息服务、化肥销售、智能机器人研发、教育硬件等多个领域。新东方还正式上线直播带货平台“东方甄选”，新东方的带货方式被视为成功转型。还有拓展其他业务的教培机构，如瑞思教育做起了充电桩，学大教育做起了咖啡馆。

第二节 教培机构“双减”政策执行情况分析

广州市为经济发达城市，向来是教培企业聚集之地，除存在很多上市企业的分公司外，本地中小机构也不少，因此教培企业调整和转型大体与前述情况类似。本书选取了3家不同规模教培机构的从业人员进行访谈。访谈时间为2022年7月至8月。教培机构从业人员喜欢引用行业内人士的话语，特别是行业内明星或网络红人的话语。教培机构从业人员获取信息的方式主要是网络，如行业内“大咖”的公众号、知乎等。在访谈中教培机构从业人员也喜欢引用网上的话语来回答，记不住的时候还会直接看着手机念出来。

一、从“执行对象”到“政策执行者”

不少政策执行研究通常将政策的目标群体称为“执行对象”，这种称呼或许是不恰当的。“执行对象”多用于法律领域，是一个常用词语，指生效的执行根据所确定的、执行机关的执行行为所指向的目标，即执行客体，包括物、行为和人。在政策执行过程中，政策的目标群体也是执行者，“政策执行者并非同质的整体，而是可以区分为不同的群体和不同的层级”①。

从广州“双减”工作经验介绍可知，其责任落实机制为“市级统筹、属地负责、学校（机构）主责”，这一总结为政策执行做了较好的示范，即所有部门和机构都是政策执行的主体，而不是对立面。学校和教培机构承担主要责任，因

① 李里峰．政策运作的辩证逻辑：战后中国共产党土地政策的演变与执行［J］．江海学刊，2012（1）：161－168，239．

此在“双减”政策执行过程中，不能简单地将政府部门工作人员称为“政策执行者”，而将教培机构和学校等视为“执行对象”。教培机构和从业人员也是政策执行者。

二、“双减”政策执行中的认同者

人们可能会有这样一种刻板印象，即教培机构从业人员对“双减”政策是排斥的。但在对教培机构从业人员的访谈中，笔者发现，许多从业人员，特别是企业高层，具有传统士人兼济天下、忧国忧民的意识和见解：

我特别认同一个知乎博主的看法：教育培训机构虽然是商业性质的，但要保持公益属性，本质还是育人，本质是跟党走；培训可以赚取合理利润，但是不可以刻意制造焦虑。教育关系到国家的未来，只有深刻理解这层关系，才能更好理解“双减”政策。(*E*－*H*－1－1)

教培机构从业者中有不少有识之士，其对教育有深刻理解，看到了资本对教育培训行业生态的不良影响，看到了有些机构只为营利，例如：

当教培行业成为投资风口后，资本大量涌入。表面看（培训）教师的薪酬好像越来越高，但那只是少数情况。为了节省开支，维持现金流，给教师的工资逐渐减少。很多老教师离职，于是招收经验尚浅的大学生，节约成本。教学内容也不理想，有些教师还给学生加课，有时一周上三次。(*E*－*J*－1－2)

教培机构中心存理想、有社会责任感的从业人士十分赞同“双减”政策，因为：

我认为国家的介入是对的。教育培训行业不良发展，最终受损失的只能是广大家长、学生。我们这些一线的工作人员都是“炮灰”。资本只看利润，只考虑如何增值。没有人会为我们的职业生涯负责，资本也不会顾及我们的命运。(*E*－*J*－1－3)

为着共同的目标和愿景，这部分群体保持政策执行的“忠实”取向，比如有些从业人员主动提及转型发展：

我以前做教培创业，“双减”政策出台后不做了。但培训市场需求量还是巨大的，我想转行做公考培训，你可以看看每年公考比例，看看公考那一天人山人海的景象。(*E*－*D*－1－2)

三、“双减”政策执行中的偏差者

与上述认同“双减”政策并忠实执行的群体不同，在“双减”政策实施过程中，教培行业也存在一些不按政策要求执行的机构和人员。这部分群体可称为政策执行中的“偏差者”，主要体现为没有正确认识“双减”政策，特别是在对待义务教育阶段的校外学科培训方面。这部分机构和个人的行为偏差主要有两种：一是不具备资质便开展各类培训，并涉足学科培训；二是通常采用隐形变异的形式来违规开展学科培训。

“双减”政策实施一年后，大部分培训机构，特别是上市公司，基本都调整了业务，不再涉及义务教育阶段的学科培训，但部分小机构和个人依然存在涉嫌违规的行为。常见的是个人组织的学科培训。比如，2022 年 7 月 12 日，广州市越秀区教育局执法人员到东方广场 5 楼 H 座检查时发现有学科类培训书籍、教材、打印的试卷资料及写有姓名的练习资料册。经问询实际承租人胡某，其承认从 5 月开始组织学生进行数学等学科的培训，属于没有办学资质擅自开展学科培训。越秀区教育局责令胡某立即停止开展违规培训行为，不再向家长收取已开展培训课程费用，并办理东方广场 5H 单位的退租手续，同时对胡某违规组织学科类培训行为予以通报。

还有小培训机构利用“隐秘”场所来开展学科培训。比如，2022 年 7 月 28 日，广州市天河区教育局根据举报信息，在核查中发现丽柏国际酒店 2430 室、2532 室存在涉嫌违规开展线下学科培训行为，联合执法工作人员当即叫停，疏散上课学生，并向违规上课老师重申国家“双减”政策，当场约谈违规组织培训的负责人，要求其停止组织开展学科培训活动，妥善处理学员退费等相关问题，并下发整改通知书。

另有一些机构或个人采取常用的打政策“擦边球”方式，以“托管”等名义开展学科培训。比如，2022 年暑假期间，广州市海珠区在校外培训机构专项执法检查行动中依法查处 3 宗疑似隐形变异违规培训行为，其中有：托普教育涉嫌以托管名义违规开展义务教育阶段学科类培训，学大教育涉嫌超范围违规开展义务教育阶段学科类培训。广州市花都区教育局暑期校外培训机构专项检查组发现两家机构以托管名义开展数学等学科复习、预习辅导，分别为广州市泉思教育科技有限公司和广州学诗文化艺术有限公司。

第三节 “双减”政策执行中教培机构从业人员的转译

对于教培机构从业人员，本书通过观察和访谈的方式来了解情况。在观察方面，笔者以学生家长的身份直接前往附近培训机构进行咨询并试听课程，笔者属于隐蔽观察者，不表明身份。在访谈方面，分别从上市公司、中小机构和个体办学者中选择相应工作人员作为对象进行访谈。通过对访谈资料进行整理和编码，对教培机构从业人员的态度和行为倾向进行归类，可以大致得出教培机构从业人员在“双减”政策执行中对政策的转译情况。

一、符号化转译

与政府部门工作人员类似，教培行业从业人员也表现出对政策的符号化转译。针对部分行业内人士对“双减”政策的观望态度，不少教培机构从业人员从政策出台部门的角度进行理解：

很多人没有意识到，规范教培行业、从严审批是党中央、国务院文件的要求。(*E*－*T*－1－2)

这一符号化转译与政府部门工作人员的转译是一致的，即“双减”是党和国家的大事，应积极配合，推动政策执行。“双减”工作是党中央和国务院高度重视的工作。企业家历来重视对政策的解读和分析，根据政府部门的政策指引来调整业务方向。

教培机构从业人员认为，经过调整、规范化和转变，教培行业前景乐观。因此，教培机构从业人员根据政府部门的政策指引积极调整业务方向：

我赞成业内某创业人士的看法，从长远来看，素质教育、职业教育是符合政策方向的，也有社会需求。教培行业前景光明，要有耐心。(*E*-*H*-1-2)

教培机构从业人员通过对政策进行解读，对政策执行情况进行分析，表达对"双减"政策的理解：

有些行业内人士和评论认为国家是要全面取消校外培训，我倒不这样看，从广州市近期发布教培白名单，以及陆续颁发非营利许可证来看，政府的意图是教培行业可以合理发展，但不能无序生长。(*E*-*Y*-1-1)

教培行业从业人员对"双减"政策的态度和意向，体现出政策执行者作为政治人的社会角色。在看待政策和行业发展时，其首先从党中央和国务院高度重视政策来进行解读和转译。政策执行者会从政策出台背景进行解读，并根据情况对行业发展进行分析和判断。

二、身份化转译

教培行业从业人员对"双减"政策执行的看法也与其企业家或公司职员的身份角色有关。虽然从事教育行业，但部分从业人员认为自己属于传统意义上的商人身份。"士农工商"是一种在中国古代较自由发展的政策模式，与之相对的是管制型的编民耕战模式。① 一般认为，"士农工商"的提法始于春秋战国时期的齐国，记载于《国语》卷六《齐语》齐桓公与管仲的问答中。齐桓公问："成民之事若何?"管子答："四民者，勿使杂处，杂处则其言哤，其事易。"齐桓公又问："处士、农、工、商若何?"管子认为"士农工商"四民可各治其业，各得其所。与编民耕战模式相比，齐国"士农工商"四民模式的特质是重视工商

① 李治安. 秦汉以降编民耕战政策模式初探［J］. 文史哲，2018 (6)：5-23，163.

和农工商并举致富。① 明中叶以来，随着商品经济的发展，商品流通日趋频繁，商业、商人在社会经济生活中越来越重要，相应出现了四民异业同道、治生说、儒贾相混、恤商厚商、工商皆本等思潮，从中可以看到商人地位随经济发展的变化。②

商业涉及竞争，企业之间的无序竞争会对整个商业和商人群体带来危害。在“双减”政策执行过程中，教培行业从业人员认为政府部门监管、规范教培行业的原因与该行业在商业发展中暴露的弊端和问题有关。逐利是商业常见现象，不少教培机构为了营利而无序发展，存在预收费用和高承诺、低服务的情况，损害了广大学生和家长的利益：

教培机构是企业，以营利为目的。前些年，不少机构和个体效仿其他行业的会员卡充值模式，存在很多猫腻，引发了不良影响，国家迟早会对行业进行整顿和规范。（*E*－*K*－1－1）

教培行业的乱象让许多从业人员感到失望，一些已经辞职的教培机构从业人士开始尝试“考公”：

我丝毫不怀念这个行当（教培行业），我现在只想考个编制。但竞争也会很大吧，一些以前在教培机构工作的老师也想和毕业生一样去学校工作、考编制呢。（*E*－*C*－1－1）

三、策略化转译

一般来说，政策的制定与实施必须符合下列两个条件：一是政府内参与者的多数同意或一致同意；二是政府外个人和组织的广泛服从。③ 从公共利益理论角度来看，政府行为是为了克服市场的不完全性缺陷，以维护公众的利益，即在存

---

① 李治安. 中近古“士农工商”较自由发展政策模式探研［J］. 文史哲，2019（1）：23－39，165.

② 陈学文. 明中叶以来“士农工商”四民观的演化：明清恤商厚商思潮探析［J］. 天中学刊，2011（3）：108－111.

③ 黄德海. 权力、政策与经济增长的动力［J］. 经济评论，2002（6）：43－47，62.

在公共物品、外部性、自然垄断、不完全竞争、不确定性、信息不对称等的行业中，为了克服市场失灵的缺陷，由政府对这些行业中的微观经济主体行为进行直接干预，从而达到保护社会公众利益的目的。

不少教培机构从业人员加入行业时心怀育人的教育理想，却在入行后发现现实情况并非自己所想象的那样：

我入行是因为喜欢教育，结果入行了才知道，事情并不是我想的那样。（在教育培训行业里）教育只是一个外壳，壳里的本质是销售，想尽办法只为续课，不在意教育的本质和老师的本分到底是什么。（E－B－1－1）

2021 年 12 月，广州市发展和改革委员会与广州市教育局联合发布《关于广州市义务教育阶段线下学科类校外培训机构收费标准的通知》。根据文件，广州面向义务教育阶段线下学科类校外培训机构收费基准标准如下：

10 人以下班型基准收费标准为 70 元/课时·人次；11—20 人班型基准收费标准为 50 元/课时·人次；21—30 人班型基准收费标准为 40 元/课时·人次；31 人以上班型基准收费标准为 35 元/课时·人次。培训机构具体收费标准可在基准收费标准的基础上上浮 10%，下浮不限。标准课时为 45 分钟。

这一举措对收费标准等做出明确规定，遏制了教培企业乱收费的现象。根据相关政策指引，有的教培机构按照收费标准积极做出调整，有的调整业务赛道。

“双减”政策出台后，劳动及自然教育、红色研学、体育及非遗等成为市场的新热点。广州的旅行社纷纷在省内游产品中专门设计了针对学生非学科类的综合实践活动并以其为主产品，如广之旅推出从化耕山小寨农耕秋收类产品，广东省中国青年旅行社开展“沉浸式、体验性”的红色资源与研学旅行相融合的主题内容活动。另外，为对学校教育进行补充，2021 年 11 月，广州市授牌成立了第一批中小学生研学实践教育基地、营地，这 42 个研学实践教育基地和 3 个营地基本包括了国防科工、自然生态、优秀传统文化、国情教育、革命传统教育及劳动教育等板块。旅游市场和研学基地的兴起，更让校外教育培训机构产生调整业务的念头。

另外，教培机构及其从业人员也在重新寻找赛道，如从业人员转行到出版业，教培机构开始大力进军出版行业，抢占教辅材料和课外阅读市场。① 以上种种，都是教培机构及其从业人员在政策执行中的不同应对，体现出策略化的转译方式。

第四节 小结

总的来说，校外教育培训机构及其从业人员作为政策执行者，根据“双减”政策对业务方向进行调整，大企业和机构基本不再涉及义务教育阶段学科类培训，实现了“双减”政策目标之一即减轻“校外培训负担”。截至 2021 年 12 月 27 日，广州市义务教育阶段学科类线下课外培训机构压减率达 96.7%。校外培训实现了机构总量、培训课时、参培人数、招生规模和预收费“五个减少”。从严治理、规范校外培训取得了积极成效。

在政策执行过程中，校外教育培训机构从业人员首先对政策进行符号化转译，即事关党和国家大事的政策要无条件执行。其次是身份化转译，从身份角色出发去理解政策。最后是策略化转译，如调整业务赛道等。

① 田红媛. 从教培到出版，开启职业生涯新赛道 [N]. 中国出版传媒商报，2022 - 09 - 23 (14).

第五章
学校与教师

教师是真正和人互动的，并且会立刻意识到教育不能那样简单地“确定”——或者说要付出极高的代价才能“确定”。

——格特·比斯塔　《教育的美丽风险》

第一节 学校“双减”政策执行情况概述

在“双减”政策执行的广州经验中，责任落实机制为“市级统筹、属地负责、学校（机构）主责”。在具体工作方面则表述为——强化作业管理，建立以校长为第一责任人的作业管理机制，出台义务教育阶段作业设计与实施专业指引，构建“基础类—提升类—拓展类”分层进阶作业体系，提高作业设计质量。因此对于学校和教师来说，如何在做到给学生减负的同时保证教学质量，成为需要深入探究的问题。

在学校“双减”政策执行情况方面，通过考察广州市教育局发布推广的六批“双减”工作典型案例（截至2022年10月18日），可以看到政策执行中学校的做法，大体可分为落实课后服务、作业管理及考核评价等方面。

一、落实课后服务

落实课后服务，为家长分忧，以减少家长将孩子送往学科类培训机构的情况，是“双减”政策对学校和教师的要求。不少学校选择从午休、课后托管等方面来落实政策。

一是解决午休“平躺睡”的问题。为减少家长中午将孩子送到托管机构的情况，不少学校努力使学生午休能躺平睡觉、躺床睡觉，以此作为“双减”政策执行的发力点。通过“双减”政策的推进，不少学校创意性地解决了午休问题，典型案例有：荔湾区西关培正小学因地制宜，将教室与走廊之间的墙壁打通，将学生学习、生活空间融为一体，将旧课桌更换为带轮子的课桌，安装双层隔音玻璃和遮阳卷帘，为每个班设计可折叠的午休柜。午休柜展开即成了一张长1.7米、宽0.6米的午休床，使学校1 200多名学生实现平躺睡。同时，午休柜也可用来放书籍或学习用具，具有多种使用功能。截至2021年12月21日，广州市参与义务教育阶段校内课后服务学生人数为112.1万，占应开展课后服务学生总数的85.1%；午休能“平躺睡”的学生人数达65.7万，占参加午休托管学生总数的78.2%。①

二是做好校内课后托管工作。校内课后托管也是学校在“双减”政策执行中须承担的任务，因此不少学校探索出不同模式，如有“多元托管+个性选择”模式、“基本托管+特色课程”模式、“普惠晚托+个性化课程”模式等。典型案例有：广雅实验学校通过提供选修特色托管课程、常规课后托管、晚辅托管、全日制寄宿等服务，满足学生多样化学习需求；以“博雅课程”赋能特色托管，立足于校本教师开发积淀的“博雅课程”，开展涵盖人文语言、思维科普、艺术健体、德育实践等多个板块的63门特色托管课程。

二、作业管理

如何在减轻作业负担的同时保证教学质量，成了各个学校积极探索的课题。在通报的案例中，具体做法可归类为减量、提质、赋能。

一是减量。首先在作业量上要符合要求，如白云区的学校就要求做到“作业五个要”（教师作业要全批全改、共性问题要集体讲评、个别问题要面批矫正、作业错误要督促订正、教师要根据实际调整进度）和“班级群三不得”（不得多设班级群、不得在班级群布置作业、不得要求学生在群上进行作业“打卡”）。在作业时间的控制上，典型案例有：海珠区逸景第一小学把“单元作业包时间可视化”，以“课堂练习+课外作业”组合模式实现单元作业包的功能，提高校内完成书面作业的时间比例；教师根据单元要点，拟订单元作业时间分布计划表，给学生以参考指导，学生则按学情填写，把作业时间量化并反馈，实现师生对作业时间的“回音互唤”。

二是提质。不少学校以探索分层分类作业作为质量提升的途径。具体做法是根据学生兴趣特征、学习能力的差异进行弹性、个性化的作业设计和布置。典型案例有：清华附中湾区学校立足学生发展特点，将课堂任务分为基础性任务、拓

---

① 广州日报. “双减”半年　广州义务教育阶段学科类线下课外培训机构压减96.7% [EB/OL]. (2022-01-07) [2022-05-08]. https://www.gz.gov.cn/jj2022gzlhzt/lhgjc/ms-gz/content/post_8019466.html.

展性任务和挑战性任务三层级，采用练习单的方式建立基础性练习、拓展性练习和挑战性练习三层级作业体系。

三是赋能。主要指利用科技发展，协助教师掌握学生学习情况，从而为作业布置提供依据。典型案例有：番禺区的学校通过将电子书包、智慧学习卡应用于课堂教学，协助教师掌握学生学习情况，评估学习效果；南沙区金洲小学借助AI批改辅导技术推动作业减负，通过AI作业报告对学生作答情况、典型错例等进行剖析，并利用AI微课进行针对性讲评。

三、考核评价

根据要求，小学一、二年级不再进行纸笔考试，义务教育其他年级由学校每学期组织一次期末考试，初中年级可适当安排一次期中考试。因此如何对学生学习成长进行考核和评价，也是“双减”中各学校政策执行的发力点，主要体现为评价多元化，包括评价主体、标准、过程、形式等。

一是评价主体和标准多元化。典型案例有广州开发区第一小学学生学业评价采用过程性评价量表，从教师、自我、小组三个维度进行评价。教师评价要点分别为学习态度、解决问题能力、合作意识、探究意识、情感态度与价值观等，其中学习态度包含主动参与、目标明确、兴趣浓厚、按时完成任务、习惯良好等。学生自我评价要点分别为课前准备、学习兴趣、任务完成度、合作意识、探究意识、客观评价能力等。小组评价要点分别为组内互评、组间互评、合作过程评价、合作效果评价等。

二是评价过程和形式多样化。典型案例有：番禺区大石中心小学设计学业摸底测评工具，以“任务驱动”为抓手，成立命题研发组，全科启动，全员参与，学科分域，异质组队，重在命题研发与减量增质；对于学科融合的一、二年级，跨界开展“实践操作能力”测评，以“学科＋游戏”等项目化推进；对于校本融合的三、四年级，开展学科素养能力竞赛，对学生真实学情及所学知识的掌握情况进行科学评估。

除了以上方面，“双减”还应解决的是课堂教学质量问题。学校层面只有通过创新课堂教学和作业设计，提高教师的教学效率和学生的学习效率，进一步培养学生良好的学习习惯，才能真正实现高效课堂、减负提质。

第二节　学校“双减”政策执行情况分析

“双减”政策出台以来，不同政府机构、教研机构、高校教师与学生纷纷对其实施情况进行调查研究。鉴于此，本书选择了问卷和访谈的混合研究方法。通过自编问卷进行概况了解（问卷设计主要结合本书重点关注的事项，采用结构化、少题量的问卷），以观察与访谈作为辅助，对学校教师“双减”政策执行情况进行分析，同时通过质性访谈深入了解情况。2022 年 6 月至 8 月，共访谈了 14 位小学教师。访谈者均为广州市在岗在编教师，涉及不同学校，涵盖老、中、青年龄段。

问卷为自编问卷，以教师对课程改革的认同感问卷为参照，主要分为教师对“双减”政策的态度和政策执行行为意向两个方面。在态度方面，基于笔者原有认同感问卷的研究，主要用形容词如满意的、有价值的、明智的、自由的、理性的、务实的、有效的、必要的等来衡量对政策的感受。① 影响政策执行行为意向的因素可分为三个维度：政策要求、内在认同和个体体验。每个维度由不同题项组成。政策要求维度的影响因素包括：政策模式和学生支持。内在认同维度的影响因素包括：必要措施、教育理念、学生成长。个体体验维度的影响因素包括：能力要求、压力负担、薪酬收入、未来期望。问卷采用 Likert 5 级量表测度来测量和解释，分为“完全不符合”“比较不符合”“一般”“比较符合”“完全符合”5 个等级（分别计 1—5 分），以衡量教师对“双减”政策的态度和政策执行行为意向水平。2022 年 4 月进行问卷前测，并根据反馈进行调整。

在对象选择方面，结合后续关于家长的研究，主要选择小学阶段教师。根据分层抽样原理，分别选择 F 小学、H 小学和 Q 小学。从师资、家长文化水平看，

---

① 陈雄飞．大学生对德育课程认同感的调查研究：以“思想道德修养课程”为案例［D］．广州：华南师范大学，2005.

F 小学属于广州市内顶尖的学校。H 小学为市内普通学校，可代表大部分学校的师资和生源水平。Q 小学为村镇学校，生源和家长以当地村民为主。

问卷发放时间为 2022 年 6 月下旬至 7 月上旬，在各学校召开全体教职工会议时进行填写和收集。问卷回收后，用 SPSS 27.0 软件进行数据分析和统计。本书共回收有效问卷 172 份（其中 F 小学 54 份，H 小学 62 份，Q 小学 56 份）。问卷对象中，女教师 128 人，男教师 44 人；所执教学科、执教年级见表 5－1。

表 5－1 执教学科、执教年级等情况

年级	学科						
	语文	数学	英语	体育	美术	音乐	科学
一年级	11	9	5	6	3	3	2
二年级	8	8	3	5	3	2	1
三年级	8	7	5	3	2	1	2
四年级	8	7	4	4	2	2	2
五年级	7	7	5	3	1	2	1
六年级	6	5	4	3	1	1	0

在问卷信度方面，由于问卷存在不同分项目，即态度、外在压力、内在认同和体验期望等，主要计算各分项目的克伦巴赫 α 系数，其中“态度”（前 8 题）的 α 系数为 0.930，其他各分项的 α 系数在 0.8 以上。总的来说，问卷具备一定的可靠性。

数据分析结果显示，教师所属学校、教龄在“态度”一项上存在差异。在学校方面，三所学校位于不同区，学校层次、生源等存在较大差异，其中 F 小学平台好，师资水平高，生源家庭背景总体较好；H 小学的情况与广州市内大部分小学的情况比较接近，可以代表普通学校；Q 小学属于广州的村镇学校，学校层次和生源家庭背景相对处于弱势水平。因此所属学校在“态度”层面存在差异可以解释。在教龄方面，教龄短的年轻教师对待“双减”工作的态度更加积极。

教师的性别、执教年级、执教科目等在“态度”“影响因素”等项目上均未出现显著差异。

教师从政策要求、内在认同和个体体验等方面对“双减”政策进行理解和思考。教师赞同、支持“双减”政策，积极推动政策执行，因为政策目标与教师育人目的是一致的。各影响因素分类和题项得分详见表5－2。

表5－2　影响因素各题项得分均值一览表

题项	Mean	归属项
政策模式	4.53	政策要求
学生支持	4.49	
必要措施	4.72	内在认同
教育理念	4.33	
学生成长	4.62	
能力要求	4.19	个体体验
压力负担	3.24	
薪酬收入	3.55	
未来期望	3.85	

“‘双减’是现阶段必须采取的措施，学生的课外培训确实多”这一题项得分的平均值是4.72，表示教师赞同“双减”政策，尤其是在校外培训治理方面。总的来说，教师关注学生的学业成绩，但学生能否全面成长、健康发展，更是教师关注的重点。

“您的教育教学理念与‘双减’政策理念一致”这一题项得分的平均值为4.33，表明教师认同“双减”政策理念。教师所持的教育教学理念会对学生成长产生较大影响。

教师也关注政策的育人功能，会不断反思自己的教育教学理念，思考学生真正的成长是什么。通过访谈发现，教师特别肯定政府部门对校外培训机构的治理和监管。同时，教师也认为“双减”对学校和自身都提出了更高的要求，教师要不断提升自己的教育教学能力，让学生得到实际成长。

第三节 “双减”政策执行中学校教师的转译

作为专业工作者，教师在对教育政策的解读上会比普通大众更具有教育意识，会从教育视角和个人专业背景出发去看待政策及政策执行情况。

一、符号化转译

作为校内减负的执行者，学校和教师会比较关注具体的政策文本要求。根据政策文本要求，首先是实现减轻作业负担。减轻作业负担最好的办法就是不布置或少布置作业。因此校方，特别是校长，首先对教师提出作业布置的要求。在一些学校的“双减”工作布置会上，校长在讲话时表现出如下态度：

此次“双减”工作，党中央和各级政府部门都非常重视，我们一定要严格按照要求来执行，特别是在作业布置上，在座的老师一定要心中有根弦，合理、适量布置作业。(*S*－*F*－*Z*－1－1)

校长作为作业管理的第一责任人，首先要考虑的是如何达到政策要求，按政策要求执行。这与学校领导体制的变革有一定关系。

1949 年中华人民共和国成立以来，我国中小学领导体制随国家政治、经济形势的发展变化经历数次改变，大体有校务委员会制（1949—1952）、校长责任制（1952—1957）、党支部领导下的校长负责制（1957—1963）、当地党委和教育行政部门领导下的校长负责制（1963—1966）、党支部领导下的校长分工负责制（1978—1985）、校长负责制（1985—2021）、[①] 党组织领导的校长负责制（2022 年至今）。根据 2022 年 1 月中共中央办公厅印发的《关于建立中小学校党组织领导的校长负责制的意见（试行）》，党组织设置为党委、党总支的中小学校，党组织书记、校长一般应当分设，党组织书记一般不兼任行政领导职务，校

① 萧宗六．学校管理学［M］．4 版．北京：人民教育出版社，2008：62－80．

长是中共党员的应当同时担任党组织副书记；党组织设置为党支部的中小学校，党组织书记、校长一般由一人担任，同时应当设1名专职副书记；学校行政班子副职中的党员一般应当进入党组织班子。该文件指出：建立中小学校党组织领导的校长负责制，是坚持为党育人、为国育才，保证党的教育方针和党中央决策部署在中小学校得到贯彻落实的必然要求。中小学学校领导体制的变革进一步对校长的行为产生影响，对贯彻执行党的教育政策产生促进作用。

在“双减”工作交流会上，教师体现出积极推进政策执行的态度：

在平时工作中，我们要坚决贯彻党中央决策部署，按照工作要求，时时刻刻把学生身心健康发展放在心上，承担起立德树人、铸魂育人的使命。（*S*－*Q*－*Y*－1－1）

在此类会议上，教师也会结合个人学科教学情况进行作业如何分层布置等的经验做法介绍。也就是说，教师在工作交流中会清楚表述出“双减”是为了学生的身心健康发展，这体现了其政治站位，也体现了教师对教育的理解，即“双减”不是只减作业量，而是要想方设法保障学生的发展，达到育人目的。

在“双减”政策执行中，教师与家长交流时较注重言辞。比如，面对家长问及是否需要购买课外辅导资料时，教师一般不会直接表态，而是婉转地回答。类似的回答有：

对于作业的布置，很多家长私下问我是否需要买练习册之类的辅助材料让孩子进行学习巩固。我的建议是，在低年龄段英语学习过程中，我们可以培养孩子的学习兴趣为大方向，最重要的是要让孩子开口说英语。比如：喜欢唱歌的孩子可以反复播放适合他们的英语歌曲，喜欢看英文原版动画片的可以反复观看，喜欢看英文绘本的可以跟着音频或点读笔读一读。有很多学习英语的方式，可以发掘孩子感兴趣的点，让他们去学习英语。（*S*－*F*－*O*－2－1）

教师的谨慎表明其作为教育工作者的政治意识和专业意识。

二、身份化转译

中共中央办公厅、国务院办公厅印发的《关于进一步减轻义务教育阶段学生作业负担和校外培训负担的意见》有较为细致的要求，如“分类明确作业总量。学校要确保小学一、二年级不布置家庭书面作业，可在校内适当安排巩固练习；小学三至六年级书面作业平均完成时间不超过60分钟，初中书面作业平均完成时间不超过90分钟”。

其实“作业限时令”不是新提法，此前各地方政府如上海市、济南市、温州市、重庆市等的教育部门在2008年、2009年也提出过，大体要求与“双减”类似，如上海市教育委员会下发的《上海市中小学2008学年度课程计划》明确要求各中小学要切实减轻学生过重课业负担，严格控制作业量，小学一、二年级不留书面家庭作业，小学其他年级的课外作业应保证绝大多数同学能在1小时内完成，初中各年级的课外作业应保证绝大多数同学能在1.5小时内完成。

教育部曾在2013年开展“减负万里行”活动，在教育部办公厅《关于开展义务教育阶段学校“减负万里行”活动的通知》的附件《义务教育学校规范办学行为专项督查项目》中包含对作业量的督查：

> 对学生休息时间、在校学习（包括自习）时间、体育锻炼时间、在校活动内容和家庭作业等方面是否作出了科学合理安排和严格规定；是否存在组织学生集体早自修的情况；寄宿制学校是否保证小学生每天睡眠时间不少于10小时、初中生不少于9小时；保证中小学生每天锻炼一小时落实情况；是否存在教师布置大量机械重复作业和以做大量作业惩罚学生的情况。

可见“作业限时令”相关政策不是新事物，其有一个发展的过程。在操作性上，一份作业适合一个小时做完还是两个小时做完，这是较难界定的。对教师来说，布置适量作业是一个不小的挑战。因为学生完成作业的时间是不同的，怎样布置作业才能既保证达到教学效果，又符合政策要求，这是教师需要思考的问题。作业限时还涉及多科目合作的问题，语文、数学、英语等学科每天布置的作业量如何统筹、由谁统筹，都是有关政策执行的问题。

“作业限时令”背后还有一个深层问题需要讨论，即单个政策与国家教育目的之间的关系，或者说政策工具之间适配性的问题。

《中华人民共和国教育法》（2021年修正）中第五条为“教育必须为社会主

义现代化建设服务、为人民服务，必须与生产劳动和社会实践相结合，培养德智体美劳全面发展的社会主义建设者和接班人”。《中华人民共和国义务教育法》（2018 年修正）第三条为“义务教育必须贯彻国家的教育方针，实施素质教育，提高教育质量，使适龄儿童、少年在品德、智力、体质等方面全面发展，为培养有理想、有道德、有文化、有纪律的社会主义建设者和接班人奠定基础”。以上是我国教育目的的法律表述。

我国教育目的表述中有“德智体美劳全面发展”的要求，“双减”政策主要针对的是社会过于侧重“智”即过于偏重学生学科成绩等，而忽视其他“德体美劳”方面。可以说在一定程度上是通过政策工具来调整现实情况，以保障教育目的达成。在访谈中有教师表示：

从我的角度来说，确实该减的是额外的补课、重复的作业和低效的学习方法，该增的是学校教育的质量和家庭教育的质量。（*S*－*H*－*T*－1－1）

也就是说，教师群体在面对“双减”政策时，会从人才培养的角度出发，从教师职业的责任感出发提出看法。在“双减”政策执行过程中，教师面临既要实现“作业限时令”要求又要保证教学质量的压力，因此，教师会不断深入思考：

“双减”之前学校看重学生的学业成绩，老师都会要求学生成绩好，而提高成绩的有效办法就是多布置作业、多练习。“双减”硬性的作业量规定是好事，因为对那些喜欢布置大量作业的老师有了约束。从深层来说，改变考评机制，鼓励教师提高课堂教学质量，能更好解决作业问题。（*S*－*F*－*D*－1－1）

此处体现了政策适配性的问题。校内作业量大的原因之一在于学校现有的业绩考核和评价机制。教师的绩效与学生的学业成绩相关，在一定程度上增加了学生的校内作业负担。教师的业绩评价属于薪酬方面的政策内容，若政策之间能相互衔接和适配的话，能更好解决学生作业负担的问题。

三、策略化转译

教师作为“双减”政策执行者且承担育人责任，在很多问题上需要谨慎表达看法。《中华人民共和国教师法》第三条为——教师是履行教育教学职责的专业人员，承担教书育人，培养社会主义事业建设者和接班人、提高民族素质的使命。教师应当忠诚于人民的教育事业。立足于学生成长，教师在表达群体意见时会比较慎重。

在“双减”政策执行中，教师积极思考如何更好地做好教育教学工作：

如何有效提高课堂教学质量，减少作业，同时进行学习和研究，这个问题值得重视。(*S*-*F*-*D*-2-1)

教师在政策执行中与政策立场保持一致，注意自己的言行举止：

作为教师，我们要注意自己的言行，教书育人无小事。比如我们学校准备解决学生的午休问题，让学生能平躺着睡觉。我们应该说午休要实现“平躺睡”，而不要说成“躺平睡”。因为“躺平”可能容易被学生和其他人说笑，引起不必要的误会。(*S*-*H*-*W*-2-2)

也有教师就“双减”政策对教师教学和作业批改方式的要求提出具体策略：

“双减”政策中还提到“教师要认真批改作业，及时做好反馈，加强面批讲解，认真分析学情，做好答疑辅导。不得要求学生自批自改作业”。作为教师，我们要创新方法，拥抱新技术，按照政策要求实现教学自主。(*S*-*F*-*O*-1-2)

一般来说，教师教学自主指教师作为专业人员自主把握所教课程和教学情景，独立履行教育教学职责。教学自主权是“教师在教育教学活动中依法享有的权益，是国家对教师能够做出或不做出一定行为，以及要求他人相应做出或不做出一定行为的许可和保障”。① 教学自主权有利于教师实现“双减”政策执行的策略化转译。一方面，可以借助人工智能等新技术，赋能课堂教学，减轻教师事务性工作负担；另一方面，应不断提高人才培养质量，优化人才选拔机制，形成良好的大环境，让教师有更多时间和精力聚焦于教书育人职责。

---

① 劳凯声．教育法学［M］．沈阳：辽宁大学出版社，2000：128.

第四节　小结

总的来说，首先，教师群体在“双减”政策执行过程中积极响应号召，遵守要求，达到了“双减”政策对作业减负的要求，体现了教师在政策执行中的符号化转译；其次，作为教育工作者，对教育教学的理解让教师在政策执行过程中进一步思考“双减”与学生成长的关系，体现了教师在政策执行中的身份化转译行为；最后，教师承担教书育人职责，谨慎表达群体意见，积极思考教学方式，体现了策略化转译行为。

第六章

家庭与父母

当我们还是孩子时，常常闲逛到太阳落山，自己决定找哪个朋友玩，没有人会检查我们的家庭作业。当我们成为父母后，却为孩子报音乐课和体育课，督促他们做家庭作业……是什么导致了如此迥异的情况？

——马赛厄斯·德普克、法布里奇奥·齐利博蒂

《爱、金钱和孩子：育儿经济学》

第一节　家庭“双减”政策执行情况概述

“双减”政策的整体工作目标是减轻学生过重作业负担和校外培训负担，减少家庭教育支出，减轻家长相应的负担，从而提升人民群众的教育满意度。“双减”政策出台后，广大家长积极配合，但也有个别家长众筹攒小班、请私教、接受以高端家政名义提供的培训等。家庭是社会基本组织结构，作为“双减”教育政策执行者的家庭和父母，其态度和行为必然会影响政策执行效果。

一、政府部门对家庭“双减”政策执行情况的调查

2022 年 7 月，广州市统计局通过万户居民调查网，对全市 1 517 名家中有中小学生的市民进行了网络调查。调查结果如下：

义务教育阶段学生每天平均完成书面作业的时长为 54.97 分钟，比“双减”前减少 23.5%。

“减负”对家庭作业不是简单的“一减了之”，而是优化作业设计，在减量的同时，也注重提质。89.0% 的受访家长对当前学校布置的作业效果给出了积极评价；其中，71.8% 认为作业“符合孩子的年龄特点和学习规律”，55.2% 认为“有效巩固所学知识”。

…………

63.1% 的家长表示孩子参加过校内课后服务，其中，59.0% 参加过放学后的托管，17.2% 参加过假期托管。73.9% 的受访家长认为校内课后服务能满足孩子的需求，其中，16.5% 认为“完全能”满足需求，57.4% 认为“基本能”满足需求。参加过校内课后服务的学生家长对校内课后服务认可度相对更高，为 83.1%。家长希望在课后服务的内容方面能继续优化，增加辅导与答疑。

教育减负提质的方向要符合家长对教育的期盼。调查结果显示，家长并非“唯分数”论，而是更关注孩子的心理、身体、习惯与品德。

家长在孩子教育方面仍存在困扰，主要集中在“孩子未来升学压力不减”（61.0%）与“优质教育资源分配不均”（57.2%）两个方面。对于基础教育的下一步发展，家长盼望能实现“切实落实减负政策”“继续提升教学质量”与“完善校内课后服务”三者的合理衔接。①

以上结果是政府部门层面对家庭在“双减”工作中情况和态度的调研，其中家长对“校内课后服务”“孩子未来升学压力”的态度有一定参考意义。作为这一调研结果的对照和补充，本书选择教育政策执行中家长的态度和行为意向为衡量维度，通过问卷调查、观察和访谈来继续了解家庭情况。

二、家庭对“双减”政策态度的问卷调查概况

本书选择了问卷、观察和访谈的混合研究方法。先是通过自编问卷进行概况了解，问卷设计主要结合本书的重点关注事项，采用结构化的小题量问卷。结合本书的教师问卷，主要从家长对“双减”政策的态度和政策执行行为意向两个维度进行调查。在态度方面，也是用形容词如满意的、有价值的、明智的、自由的、理性的、务实的、有效的、必要的等来衡量对政策的感受。影响政策执行行为意向的因素可分为四个维度：外在要求、内在认同、个体体验和政策成效。每个维度由不同题项组成。外在要求维度的影响因素包括：主动选择、孩子配合、家庭和谐。内在认同维度的影响因素包括：成长设想、教养理念。个体体验维度的影响因素包括：投入要求、焦虑指数、升学忧虑。政策成效维度的影响因素包括：全面发展、身心健康。问卷采用 Likert 5 级量表测度来衡量和解释，分为“完全不符合”“比较不符合”“一般”“比较符合”“完全符合”5 个等级（分别计 1—5 分），衡量家长对“双减”政策的态度和政策执行行为意向水平。

2022 年 5 月进行问卷前测，并根据反馈进行调整。为了得到更高的回收率，问卷在题项上进行了精简，共 18 题。在对象选择方面，主要选择了家里有小学生的家长，通过线上平台发放问卷。

---

① 广州日报. “双减”一年显成效　逾七成家长认可校内课后服务［EB/OL］.（2022-09-03）［2022-10-08］. https://www.gz.gov.cn/zwfw/zxfw/jyfw7/content/post_8549210.html.

问卷发放途径主要是微信群，请有小孩在广州读小学的家长填写。收集数据的主要途径是通过联系相识教师，请教师采用合适途径转发到班级家长群。在教师把问卷转发到班级家长群时，为避免教师被家长投诉滥用职权或加重家长负担等情况，一般由家委会成员（家长代表）来转发。

问卷发放时间为2022年8月中下旬，通过问卷星平台采用线上形式进行问卷发放和收集。本书共回收有效问卷295份。信度、相关性等采用SPSS 27.0软件进行数据分析。问卷对象中，女性家长222人，男性家长73人，其孩子所在年级、家庭收入等情况见表6－1。

表6－1　孩子所在年级、家庭收入等情况

孩子年级	家庭年收入			
	20万元及以下	21万～49万元	50万～99万元	100万元及以上
一年级	11	9	12	8
二年级	12	18	8	11
三年级	11	23	23	10
四年级	13	18	17	12
五年级	14	26	8	3
六年级	11	4	5	8

在问卷信度方面，由于问卷存在不同分项目，即态度、外在要求、内在认同、个体体验和政策成效，主要计算各分项目的克伦巴赫α系数，其中“态度”（前8题）的克伦巴赫α系数为0.970，其他影响因素各归属项的克伦巴赫α系数在0.8以上。总的来说，问卷具备一定的可靠性。

数据分析结果显示，家庭年收入情况、家中小孩数量在“态度”一项上存在差异。而家长性别、孩子所在年级、学校所属区域等在“态度”“影响因素”等项目上均未出现显著差异。其中，家长性别并未出现显著差异与笔者的设想不太一致，值得进一步探讨和研究。

家长对“双减”政策的总体认同度和具体各题项得分均值见表6－2。

表 6－2　“态度”各题项均值一览表

题项	Mean	归属项
满意的——不满意的	4.32	态度
有价值的——无价值的	4.38	
明智的——可笑的	4.30	
自由的——限定的	4.19	
理性的——鲁莽的	4.42	
务实的——理想化的	4.28	
有效的——无效的	4.54	
必要的——没必要的	4.46	

在影响因素方面，大体可分为以下四个维度：外在要求、内在认同、个体体验和政策成效。各题项具体分值参见表 6－3。

表 6－3　行为意向和影响因素各题项均值一览表

题项	Mean	归属项
主动选择	4.05	外在要求
孩子配合	4.22	
家庭和谐	4.27	
成长设想	4.16	内在认同
教养理念	4.35	
投入要求	3.94	个体体验
焦虑指数	3.12	
升学忧虑	3.16	
全面发展	4.37	政策成效
身心健康	4.25	

三、家长在“双减”政策执行中的体验

对家庭来说，“双减”政策是外在要求。题项“孩子非常支持‘双减’政策，会以‘双减’政策为由拒绝学科培训和额外作业”的分值为4.22，表明孩子对政策有一定的感知和运用。

在内在认同维度方面，题项“‘双减’政策与您对孩子成长的希望和设想方向基本一致”和“您的家庭教育观念与‘双减’政策理念一致”的分值分别为4.16和4.35。从前文对教培行业的分析中，可以发现“双减”政策在校外学科培训治理上取得了明显成效。这一情况对于原来就没有送孩子参加学科培训意愿和计划的家长来说是喜讯，相对避免了自家不送而别人家送带来的不公平竞争状态，降低了焦虑和担忧水平。这部分没有意愿送孩子参加校外学科培训的家长，总体来说会持一种相对健康的教养理念，即首先希望孩子能有健康的身体和自由快乐的玩耍时光，回归童年应有的样子。

在个体体验维度方面，题项“‘双减’之后，您感到焦虑”及“‘双减’之后，您担忧孩子的升学问题”的分值分别为3.12和3.16，表明家长在“双减”初期虽有不适应现象，但焦虑和担忧水平总体较低。

在政策成效维度方面，题项“‘双减’有利于孩子全面发展”的分值为4.37。“双减”政策致力于推动青少年德智体美劳全面发展，就一、二年级来说，政策要求不布置作业，不安排期末笔试。广州市小学低年级一般以游园闯关代替笔试，如天河区奥体东小学在一、二年级组织了“游园活动”，通过期末学科素质大闯关，用游戏化的活动来衡量和反馈孩子的学科知识能力和素质发展水平。[①] 题项“‘双减’之后，孩子更快乐，身心更健康”的分值为4.25，表明家长认为“双减”有利于孩子的身心健康成长。从F小学2022年秋季校运会成绩来看，学生运动员打破多项校运会纪录，其中400米长跑项目四年级有4人破纪录，也从侧面反映出学生体质增强，在一定程度上可以佐证“双减”成效。类

---

① 广州日报. 直击“双减”下的第一次期末考［EB/OL］.（2022-01-05）［2022-05-08］. https://www.gz.gov.cn/zwfw/zxfw/jyfw7/content/post_8004651.html.

似的调研结果也与本书研究结论相符。比如，在广州日报记者 2022 年 7 月所做的调研中，超六成受访家长表示孩子书面作业量明显减少；近一半家长表示孩子运动时间多了，体质增强了，学业压力减轻了；近四成家长表示孩子用于发展兴趣爱好的空余时间多了；近四成家长表示希望“建立更多元的教育评价机制”；超过三分之一的家长表示希望学校提供更多家庭教育方面的指导；“平时增加合理测评”也是不少家长的诉求。①

总的来说，在“双减”政策施行期间，广大家长积极配合，推动政策执行。

第二节　作为“双减”政策执行者的家庭

在各类教育政策制定和执行过程中，家庭往往作为政策对象存在。实际上，家庭在法律层面和教育政策执行中都具有重要意义，起到关键作用。

一、作为法律上负有家庭教育主体责任的“家庭”

家庭和父母对孩子教育问题的关注和责任，可追溯至相关法律。无论是东方还是西方，在古代社会，家庭都具有明显的社会目的和维护公共秩序的职能。传统家庭中的家长拥有与现代社会国家相类似的权力，其为一种带有强制性的支配权，家长可以对家庭成员进行人身控制和惩罚。在现代社会，国家职能并没有全部替代家庭职能，家长在对未成年子女进行管教、保护时必须具备的控制、操纵或影响他人（不管其同意与否）行为之能力的“权力性要素”虽然消减了，但并没有完全消除。② 为了最大限度保护未成年人权益，我国相关婚姻、家庭法律制度以法律面前人人平等的理念为指导，反对一切形式的家庭暴力，即认为家庭

---

① 广州日报．“双减”政策实施满一年　广州多所学校积极创新　让学习更高效［EB/OL］．(2022－07－24)［2022－09－08］．https://www.gz.gov.cn/zwfw/zxfw/jyfw7/content/post_8445074.html.

② 李秋高．在伦理与法理之间：一种古老权利的重新构造——家庭权法律问题初步研究［J］．北京理工大学学报（社会科学版），2011（1）：106－110.

是为了保护个人人格权而存在。

那么在法律层面，家庭和父母在孩子成长和教育中有什么权利和义务呢？关于父母的家庭教育主体责任，《中华人民共和国家庭教育促进法》第十四条明确规定如下：

父母或者其他监护人应当树立家庭是第一个课堂、家长是第一任老师的责任意识，承担对未成年人实施家庭教育的主体责任，用正确思想、方法和行为教育未成年人养成良好思想、品行和习惯。

共同生活的具有完全民事行为能力的其他家庭成员应当协助和配合未成年人的父母或者其他监护人实施家庭教育。

同时也要求父母要合理安排，不能加重未成年人学习负担，第二十二条规定：

未成年人的父母或者其他监护人应当合理安排未成年人学习、休息、娱乐和体育锻炼的时间，避免加重未成年人学习负担，预防未成年人沉迷网络。

《中华人民共和国家庭教育促进法》同时还对家庭教育的内容进行详细描述，第十六条具体如下：

未成年人的父母或者其他监护人应当针对不同年龄段未成年人的身心发展特点，以下列内容为指引，开展家庭教育：

（一）教育未成年人爱党、爱国、爱人民、爱集体、爱社会主义，树立维护国家统一的观念，铸牢中华民族共同体意识，培养家国情怀；

（二）教育未成年人崇德向善、尊老爱幼、热爱家庭、勤俭节约、团结互助、诚信友爱、遵纪守法，培养其良好社会公德、家庭美德、个人品德意识和法治意识；

（三）帮助未成年人树立正确的成才观，引导其培养广泛兴趣爱好、健康审美追求和良好学习习惯，增强科学探索精神、创新意识和能力；

（四）保证未成年人营养均衡、科学运动、睡眠充足、身心愉悦，引导其养成良好生活习惯和行为习惯，促进其身心健康发展；

（五）关注未成年人心理健康，教导其珍爱生命，对其进行交通出行、健康上网和防欺凌、防溺水、防诈骗、防拐卖、防性侵等方面的安全知识教育，帮助其掌握安全知识和技能，增强其自我保护的意识和能力；

（六）帮助未成年人树立正确的劳动观念，参加力所能及的劳动，提高生活自理能力和独立生活能力，养成吃苦耐劳的优秀品格和热爱劳动的良好习惯。

另外，关于父母可以运用什么方式和方法进行教育，《中华人民共和国家庭教育促进法》第十七条规定如下：

未成年人的父母或者其他监护人实施家庭教育，应当关注未成年人的生理、心理、智力发展状况，尊重其参与相关家庭事务和发表意见的权利，合理运用以下方式方法：

（一）亲自养育，加强亲子陪伴；

（二）共同参与，发挥父母双方的作用；

（三）相机而教，寓教于日常生活之中；

（四）潜移默化，言传与身教相结合；

（五）严慈相济，关心爱护与严格要求并重；

（六）尊重差异，根据年龄和个性特点进行科学引导；

（七）平等交流，予以尊重、理解和鼓励；

（八）相互促进，父母与子女共同成长；

（九）其他有益于未成年人全面发展、健康成长的方式方法。

家庭承担未成年人家庭教育主体责任，这一主体地位也要求家庭和父母在“双减”政策执行中成为政策执行者，而不再只作为政策对象。在“双减”政策执行的行动者网络中，家庭才是核心行动者，“校外减负、校内减负”最终能否实现，家庭和家长的意向和行动至关重要。

二、作为政策执行网络核心行动者的“家庭”

家庭在教育政策中所起的作用和产生的影响往往容易被忽略，这与对政策执行中执行者的理解有关。不少研究者往往把家庭作为被执行对象，而忽视了家庭在孩子教育问题上的主体地位。

对历次减负进行梳理，发现其在一定程度上容易忽视家庭和父母的诉求，这是历次减负不彻底的原因之一。从利益相关者理论来看，家庭和父母是“双减”政策执行中的重要利益相关者，其教育观念改善与家庭环境支持能促进政策执行，家庭及其内部成员的教育观念与行为选择会对减负成效产生重要影响。各利益相关者所拥有的权利与承担的责任存在不对称情况。家庭干预孩子学业的权利与所承担的责任是一致的，政策制定者和作为执行者的政府部门、学校有时并不直接承担由政策执行带来的结果，而没有参与政策制定的家庭承担政策带来的直接结果。① 作为减负工作中“需求者”一方的家庭和父母往往处于较被动的地位，且为承担政策结果的一方。作为核心利益相关者的学生因身心发展的不成熟性，无法真正为自己做出选择和承担责任，因此，在“双减”工作初期阶段，家庭和父母承担着一定压力与责任。

从行动者网络理论来看，家庭和父母才是“双减”政策执行中的核心行动者。对于学生的校外培训来说，家庭是“需求者”，正是因为有家庭的“需求”，家长愿意送孩子去参加培训，才有了校外培训机构的存在和繁荣。校内作业负担也是一样，家长对学业成绩的关注和重视是导致孩子有作业负担的原因之一。若教师布置的作业和任务超出个人可承担的范围，孩子是可以不完成的，但前提是获得父母的认可和支持。也就是说，家庭和父母应该是“双减”政策执行的核心行动者，是孩子作业问题的行动与选择主体。

目前来看，作为校内作业负担的源头之一，学校和教师已按政策要求做出改变；作为校外培训负担的提供者，教育培训机构也已经得到有效治理。也就是说，在行动者网络中，最终能否通过“校内减负、校外减负”这个“必经之点”，或许还是得看作为行动者的家庭。

---

① 贯伟，邓建中，蔡其勇. 利益相关者视域下我国中小学生减负的博弈困境及突破对策 [J]. 中国电化教育，2021 (9)：51－58.

第三节　“双减”政策执行中的家庭类型

在“双减”政策执行研究过程中，笔者所使用的研究方法与资料搜集方式在一定程度上与扎根理论类似，如在访谈对象的选择及各种资料的搜集等方面。政府部门层面主要从各类文件、通知、“双减”案例中寻找资料；教培行业层面主要通过现场考察、社交网站热点获取信息；教师层面根据研究需要，对对象进行归类后发放问卷、进行访谈。而在对家庭和学生的研究中，更是不自觉地使用了扎根理论常用的理论性抽样（theoretical sampling）方法。理论性抽样是一种建立在概念/主题基础上的资料搜集方法，这些概念/主题也来自资料。理论性抽样的目的是从地点、人物和事件来搜集资料，最大化地从属性和维度上形成概念，揭示变量，寻找概念之间的关系。与传统抽样方法不同，理论性抽样不是搜集好所有资料才开始分析，而是边分析边确定下一步怎么搜集和搜集什么。① 这种回应方法让抽样变得开放并富有弹性。概念来自所分析的资料，围绕这些概念的问题推动了新一轮资料搜集。研究过程不断往前推进，通过自身的力量驱动。②

在本书研究中，因笔者家中有一个 2020 年 9 月份上小学一年级的孩子，故日常生活中得以与其他家长和家庭建立关系，可以通过经常一起参加学校活动和私下邀约的家庭活动进行重点观察和访谈。在访谈方面，于 2021 年 12 月至 2022 年 9 月随机访谈了 18 位家长，主要为小学生的家长，有 6 位家长访谈次数超过 3 次。因笔者一直对家庭教育行为选择感兴趣，且具备一定社会学知识和涵养，故在选择家庭时有意识地选择了三个不同类型的家庭进行深入观察和访谈。总体来看，可将家庭分为“守纪者”“顽固者”和“精致者”三种类型。

---

① 科宾，施特劳斯．质性研究的基础：形成扎根理论的程序与方法：第三版［M］．朱光明，译．重庆：重庆大学出版社，2015：153 – 155.

② 林小英．分析归纳法和连续比较法：质性研究的路径探析［J］．北京大学教育评论，2015（1）：16 – 39，188.

一、作为“守纪者”的家庭

保罗·威利斯（Paul Willis）在《学做工：工人阶级子弟为何继承父业》一书中提到了两种群体：“家伙们”（lads）和“循规者”（conformists）。“循规者”指遵循学校制度和规范的学生。①

在“双减”政策执行中，可将“守纪者”对应“循规者”，指认同政策、愿意遵照政策要求调整行为的家庭和父母，其不送孩子参加校外培训，在家也不给孩子加作业。

C家庭就是典型的“守纪者”家庭。小C是小学低年级学生，所就读学校为省一级学校，父母都为高校教师，家庭年收入约为80万元，有两套房产。作为高校教师，小C父母对教育有自己的理解，比较注重孩子的身体和心理健康，不太在意孩子的考试成绩，认为孩子基本能跟上进度、掌握知识即可，并不注重重复性的作业，如抄写、口算等。因此，小C父母没有给小C报很多校外培训班，所报培训班基本为增强体质和提高综合素养之类，如书法、街舞、围棋等。因学校对英语要求较高，为不影响孩子学习进度和学习自信心，故也送小C去培训机构上外教英语课程。为了训练孩子的思维，送其上奥数班。在“双减”政策出台前，小C正好上小学一年级。由于小C写字较慢，每天要花较长时间完成教师布置的课后作业，父母每天晚上还是要催促其完成作业，难免有情绪失控之时，偶尔也会因作业问题责骂小C。“双减”政策出台后，在小C的要求下，停掉了外教英语和奥数课外培训，增加了体育类如羽毛球等课外培训：

对我们来说，英语只是工具，奥数是锻炼思维。只要孩子智力正常，掌握小学的知识内容一般不存在问题。如果为了提高一两分而去不停重复抄写和练习，对孩子成长意义不大。他们长大以后不用拼这些东西，拼的是眼界和见识。（$F-T-C-1-1$）

① 威利斯. 学做工：工人阶级子弟为何继承父业［M］. 秘舒，凌旻华，译. 南京：译林出版社，2013：6-7.

政策明确规定，小学一、二年级不能有书面作业，因此学校教师不能布置课后作业。小 C 父母乐得不用催促小 C 完成作业，放学后让小 C 去田径场跑步和玩耍，回家主要完成口头作业和课外阅读，周末则出去露营、爬山等，进行素质拓展，亲子关系变得亲密。

结合上文问卷调查结果，发现此类父母之所以是“双减”政策的“守纪者”，主要因为其教育理念与“双减”倡导的理念基本一致。此类父母更注重孩子的身体健康和家庭和谐，比较尊重孩子意愿。在教养方式的分类上，此类父母既不是放任型，也不是专制型，属于民主型。当然，还有一个原因不容忽视，即总体来说，此类父母职业和经济收入比较稳定，文化程度较高，更在意孩子品德习惯、文化素质的养成。相比眼前的学业成绩，其更看重孩子的长远发展。

在威利斯看来，“循规者”都遵循学校制度，认可学校背后的文化概念。① 将“守纪者”与“循规者”对应，相似之处在于两者都遵循和认可官方的规则和意图。作为“双减”政策执行中“守纪者”的家庭和父母，出于对政策背后教育理念的认同，采取了忠实执行的态度和行为。

二、作为“顽固者”的家庭

“顽固者”对应“家伙们”，指那些不愿意调整行为的家庭。此处“顽固”主要指家庭和父母在孩子教养方式上不符合“双减”政策要求的错误行为和选择。

L 家庭是典型的“顽固者”家庭。小 L 是小学高年级学生，就读于一所市一级学校，父母为企业员工，家庭年收入在 40 万左右，有一套房产。小 L 在班上属于学习成绩靠前的学生，一直以来参加校外机构的培优类学科培训。小 L 父母的教养方式类似于专制型，平时小 L 学习等事务主要由母亲操持。与大部分研究的描述相似，小 L 母亲是“母职化的教育经纪人”，以职业化标准来要求子女的学业成绩，其了解教育市场产品与目标学校需求，为孩子设计个性化学习路线，

① 康永久，程猛. 洞察、文化生产与循规：对威利斯《学做工》的再审视［J］. 教育研究与实验，2021（5）：1－11.

细致规划校外学习时间，以帮助孩子在激烈的竞争中获得优势。① 小L的父亲则表现为支持和配合。“双减”政策出台前，小L一般每天在学校就已完成作业，晚上和周末习惯在校外培训机构上课。

“双减”政策出台后，原上课机构的学科类培训到2021年底就不再开设，因此小L母亲发动原来跟小L一起参与培训的学生家长，计划组团聘请原机构培训教师继续上课。因其他家长和机构教师不愿违反政策要求，培训计划未能实现。小L母亲便继续寻找其他学科类培训，也未能如愿。在与学校教师沟通方面，小L母亲希望教师多布置作业，当然遭到教师的劝诫和否决。于是小L母亲就自己研究教材和教学要求，给小L安排每日任务。

从小L家庭的行为和选择可以看出，其没有意识到校外培训对孩子而言是负担，反而错误地认为这是一种好事。面对“双减”政策，此类家庭没有正确理解政策意图和意义，不配合政策执行，成为顽固不化的一方。此类家庭没有意识到国家政策的目的是孩子长期的健康发展，应及时转变思想，纠正自身不当行为。

三、作为“精致者”的家庭

在“守纪者”和“顽固者”之外，还有一部分家庭和父母，其在政策面前善于权衡利弊，遵守“双减”政策要求，对个体行为进行调整，同时采取不与政策相违背的做法，比如自己在家里给孩子布置额外练习（作业），并以个人家教之类的形式对孩子进行课外学科辅导。本书把此类家庭称为“精致者”。

Z家庭是典型的“精致者”家庭。小Z为小学中年级学生，就读于省一级学校，父亲为企业高管，母亲为事业单位干部，家庭年收入超千万，家里房产多于3套。因父母都比较忙，平时小Z由保姆照顾，聘请大学生当兼职家教，负责检查和辅导作业。“双减”政策出台前，小Z的课后和周末时间排得满满当当，小Z参加多种学科类、素养类校外培训课程，放学之后基本被送往各种培训班。

① 杨可．母职的经纪人化：教育市场化背景下的母职变迁［J］．妇女研究论丛，2018（2）：79－90.

"双减"政策出台后，小Z基本保留了素养类的校外培训；在学科类方面，则针对小Z偏薄弱的课程或专题专门请人进行辅导，如作文、数学应用题等。

钱理群在2012年4月22日的"'理想大学'专题研讨会"上提出"精致的利己主义者"一词，说"我们的一些大学，包括北京大学，正在培养一些'精致的利己主义者'，他们高智商，世俗，老到，善于表演，懂得配合，更善于利用体制达到自己的目的"①。严格来讲，"精致的利己主义者"并不是一个概念，只是在现实指向的意义上使用，使这种利己方式更为具体、形象，也不影响其严肃性。"精致"本身只是一种现象、一种利己主义在特定历史时期呈现的方式。②学术界有对此类群体和行为的反思和批判，总的来说持否定态度。③

第四节　"双减"政策执行中父母的转译

一、符号化转译

政策是与国家、政权、权力息息相关的概念。在托马斯·霍布斯（Thomas Hobbes）看来，个体权利体现为自由，权力原是个体保全自己权利的方式。"著作家们一般称之为自然权利的，就是每一个人按照自己所愿意的方式运用自己的力量保全自己的天性——也就是保全自己的生命——的自由（liberty）"，而自由则是"外界障碍不存在的状态"④。个体转让自己的权力（power）和力量（strength），不过是搁置或放弃自己抵抗其转让对象的权利。⑤人们将权力让渡给

---

① 钱理群. 北大清华再争状元就没有希望［N］. 中国青年报，2012-05-03（3）.

② 王艳，赵冰. 精致利己主义的欺骗性及其批判［J］. 伦理学研究，2022（4）：134-140.

③ 刘铁芳，刘艳侠. 精致的利己主义症候及其超越：当代教育向着公共生活的复归［J］. 高等教育研究，2012（12）：1-8.

④ 霍布斯. 利维坦［M］. 黎思复，黎廷弼，译. 北京：商务印书馆，1985：97.

⑤ HOBBES T. The Elements of Law, Natural and Politic［M］. Oxford：Oxford University Press，1994：107.

他人，通过人与人之间“授权并放弃”的契约，国家最终得以建立。“国家的本质就存在于他身上。用一个定义来说，这就是一大群人相互订立信约，每人都对它的行为授权，以便使它能按其认为有利于大家的和平与共同防卫的方式运用全体的力量和手段的一个人格。”① 个人将权力让渡给国家，国家通过代理人来行使权力，政策就是国家和代理人行使权力的一种方式。

对于具体个体来说，政策具有不同的符号象征。对于部分家庭和父母而言，其会考虑如何争取或保持自身经济和社会优势，这是其理解“双减”政策的角度之一。因此，部分家庭和父母对“双减”政策的转译首先是从“政策是否对我有利”出发的，政策符号化为一种保持优势的策略。

政策背后反映的是国家和政府的价值导向。国内外学者从三种视角解释政府决策理论：“利益视角”“理性学习视角”“理念视角”。部分家庭和父母对“双减”政策的符号化转译符合“利益视角”，在该视角下，政府决策被视为多元主体以最大化自身经济或社会优势为目标协调之后达到的均衡的结果，并与群体特征的分布状况相适应。因此，在政策决策中，政治文化、意识形态、政策理念等对决策产生深刻影响的因素都值得进一步探讨。

二、身份化转译

作为家长，如何向孩子解释政策是一件为难的事情。在法律层面，遵从、执行政策是国家对公民的基本要求。在中共中央办公厅、国务院办公厅印发的《关于进一步减轻义务教育阶段学生作业负担和校外培训负担的意见》中，只有第8条和第21条包含对家长的要求，其中第8条具体内容如下：

科学利用课余时间。学校和家长要引导学生放学回家后完成剩余书面作业，进行必要的课业学习，从事力所能及的家务劳动，开展适宜的体育锻炼，开展阅读和文艺活动。个别学生经努力仍完不成书面作业的，也应按时就寝。引导学生合理使用电子产品，控制使用时长，保护视力健康，防止网络沉迷。家长要积极

① 霍布斯．利维坦［M］．黎思复，黎廷弼，译．北京：商务印书馆，1985：132．

与孩子沟通，关注孩子心理情绪，帮助其养成良好学习生活习惯。寄宿制学校要统筹安排好课余学习生活。

其中“家长要积极与孩子沟通，关注孩子心理情绪，帮助其养成良好学习生活习惯”等要求都是正常的家长愿意去做且努力想做好的，这也正是第21条对家长的要求：

完善家校社协同机制。进一步明晰家校育人责任，密切家校沟通，创新协同方式，推进协同育人共同体建设。教育部门要会同妇联等部门，办好家长学校或网上家庭教育指导平台，推动社区家庭教育指导中心、服务站点建设，引导家长树立科学育儿观念，理性确定孩子成长预期，努力形成减负共识。

从父母对政策的态度和行为看，目前存在两种父母类型。一种是愿意以身作则、教导孩子遵从一定社会规范的父母。这种父母将孩子品质的发展看得更重要，希望孩子形成良好的习惯和高尚的品德，以便收获更长远的利益。另一种是注重显性成果、追求实效、希望孩子取得较好的学业成绩的父母。这种父母看重眼前利益，追求看得见的成绩，要求孩子的学习成绩好，参加比赛要拿奖，以升学为目的。

总体来说，第一类父母也许会比较纠结，因为就算在家庭内，父母双方往往较难达成一致意见，往往以一方的意见为主。因此，第一种类型的父母有一定社会压力和家庭压力，其想法如下：

我一直觉得，大部分家长都没有想明白，都在“卷”孩子，都怕输在起跑线上。他们觉得“卷”孩子是为了孩子以后有更多选择，但这都是“一厢情愿”的，其实就只有两个选择：一是让孩子过得平平淡淡；二是孩子自己能奋斗。让孩子过得平平淡淡是要有能力的，这种能力只能是家长带来的，不是说“卷”就能“卷”出平平淡淡。假如要孩子自己奋斗，关键是要让孩子不断在外面锻炼，让孩子抗打击能力比很多人强，并且有一定的能力，而不是像现在这样“卷”。($F-P-L-2-1$)

这类家长对要孩子去参与社会竞争表现出担忧，情愿自己努力，更看重孩子的锻炼和抗打击能力。第二类父母一般较少自我怀疑，对自己的选择也比较确定，会不停督促孩子以学习和成绩为目标，但他们则要面对来自孩子的质问：

让我女儿多学一点儿，她还会反驳我，说老师说了要减轻学生的作业负担，国家都出“双减”政策了，你不知道吗？我们要少做作业，多运动，早睡觉……（F－Y－S－1－1）

政策对家长有“树立科学育儿观念，理性确定孩子成长预期，努力形成减负共识”的期望，而现实生活中家长有家庭社会经济意识，两者之间需要建立桥梁。目前来看，这座桥梁需由家长自己来建立。在大时代背景下做出合适、正确的判断和选择是有难度的。家长其实更应该看重亲子关系的维护，以孩子和家庭的快乐为出发点。毕竟，孩子的未来不是可以规划的。

另外，母亲在“双减”政策执行中的角色和形象也是身份化转译的一部分，值得关注。“母职化”“虎妈”等作为身份符号和学术概念，受到研究者的关注。在家庭教育中，母亲承担了更多职责。教育的“母职化”给母亲带来较大负荷，使子女学业和女性个人职业发展之间的矛盾冲突更为明显。这种现象不但使个体的母亲产生了焦虑，而且通过群体之间的弥漫扩散而演变为一种“公共麻烦”。受城乡家庭资源动员能力和教育竞争环境的综合影响，① 母亲的角色又出现了转变：城市母亲在投入与压力中形成了“虎妈”形象；农村家庭处于教育资源较为匮乏和家庭教育去竞争化的状态，使得农村母亲在亏欠与无奈中形成了“猫妈”形象。②

三、策略化转译

从利益相关者理论看，个体在应对政策变化时会考虑如何保持自身优势。在“双减”政策出台之前，家庭和父母保持自身优势的选择之一就是对孩子教育进行投入，特别是校外教育投入。家庭的教育投入和支出又与父母的教育水平和收入水平有一定关系。从问卷调查中，笔者发现不同收入水平的父母在对“双减”

---

① 杨笛，金一虹．教育母职化与母职的焦虑［J］．社会建设，2022（1）：25－35，85.

② 雷望红．中国城乡母职形象何以分化：“教育家庭化”中的城市“虎妈”与农村“猫妈”［J］．探索与争鸣，2020（10）：148－156，160.

政策的态度上存在些许差异。也有研究表明，家庭校外教育支出分化的产生与不同教育水平父母的收入水平和支出偏好差异有关，基于父母教育背景的家庭教育支出分化主要表现为校外支出分化，而校外支出分化又主要表现为课外补习支出分化，且只发生在“补差型”家庭之间。①

父母在“双减”政策执行中，会根据自身理解和家庭情况进行选择，推动政策执行。

第五节　小结

家庭是社会基本组织结构，在法律上负有家庭教育主体责任。家庭和父母是“双减”政策执行网络的核心行动者，其态度和行为会影响政策执行效果。

家庭在“双减”政策执行中呈现出不同类型，如“守纪者”“顽固者”和“精致者”，在转译上可归类为符号化、身份化及策略化三种类型。家庭仍有一定校外培训的需求，有研究者对家庭选择校外培训的动因进行调查，发现学科类培训的动因有课后看护、升学择校、弥补短板、培养优势、未来发展等，非学科类培训的动因有课后看护、全面发展、助力学习、升学择校、未来发展等。弥补短板、培养优势的学科类培训等可能被削减，课后托管、日常辅导可能部分被学校课后服务部分吸纳，一些需求如未来发展依然会存在。② 2022 年 11 月份的招聘信息表明，学而思之类的机构在停止招聘一年之后又开始了新一轮的招聘，这也许是对家庭校外培训刚需的一种回应。

---

① 黄斌，何沛芸，朱宇，等. 基于父母教育背景的中国家庭校外教育支出分化：兼论家庭需求视角下“双减”政策实施的优化［J］. 中国教育学刊，2022（4）：19－28.

② 刘钧燕. 家庭校外培训需求动因及对落实“双减”政策的启示［J］. 全球教育展望，2021（11）：85－98.

第七章
作为学生的儿童

人类理性的第一阶段就是意识到人有能力选择自己的人生道路，而不是像其他动物那样注定只有一条道路。

——康德 《人类历史的推测性开端》

我们必须要做出的选择要求我们有更多的经验和更好的判断力，尤其是在关键时刻我们最需要好的经验和判断力。在很长的一段时间里，别人得想办法让我们获得经验，养成判断力：与其他动物不同，人需要教育。

——苏珊·奈曼 《为什么长大》

第一节 “双减”政策执行中儿童的转译

“双减”政策的指向是减轻学生负担，那么对于身心未发育完全的作为学生的儿童来说，政策到底是什么？政策又意味着什么呢？从儿童视角来看待“双减”政策，会得到很多意想不到的答案。在联合国《儿童权利公约》对儿童的界定中，“儿童系指18岁以下的任何人”①。为了便于理解和表述，本书中的儿童主要指作为小学生（1—6年级）的儿童。从发展心理学角度看，儿童理解事物和形成概念需要一定的过程。儿童成熟既存在年龄阶段性的差异，也存在个体差异，不同儿童会呈现出不同进程。

一、符号化转译

“政策”是一个概念，许多成年人甚至是一般教育研究人员无法用简单的语言来解释政策到底是什么，更不要说儿童了。在日常生活和学术研究中，很容易将“教育政策”与“教育方针”“教育法律”等混淆。一般来说，教育方针主要规定教育性质、教育目的及实现教育目的之基本途径，一般由政党和国家的最高领导机关制定。教育法律制定的程序比教育政策更严格，根据其严肃性和权威性，其在执行过程中主要是靠国家的强制力来规范个人和集体的行为，并对违法者予以法律制裁。而教育政策的制定主体比较多元，且通常依靠行政权威，运用号召、宣传、教育、解释、鼓动等方式执行。② 对于儿童来说，政策可能更多作为一个名词或知识点而存在，就算听说过这个词，也不很清楚其具体含义。

在对儿童的访谈中，以下对话很有趣，也形象地体现了儿童对政策的第一反应：

---

① 原为10岁以下，后修改为18岁。联合国大会1995年12月21日第50/155号决议批准了对《儿童权利公约》第43条第2款的一项修改，即将“10岁”改为“18岁”。

② 张新平. 教育政策概念的规范化探讨［J］. 湖北大学学报（哲学社会科学版），1999（1）：92－96.

访问者：你们了解“双减”政策吗？

受访儿童：没学过。(S－Y－X－5－1－1)

“没学过”是作为学生的儿童在面对自己不了解或没听过的陌生名词时的真实反应。被问是一种应急行为，对于这种来自外界、比较陌生的问题，儿童以为是学习和考试的知识点，“没学过”的回答是一种应试行为，也是无奈的自我辩护。“我不知道，不能怪我，是学校没有教，我没学过”——回答不了是有原因、情有可原的。

用巴兹尔·伯恩斯坦（Basil Bernstein）的符码理论（code theory）来分析这一话语，会发现学生的“没学过”三个字背后，体现了其受到一定的来自学校或家庭的考试压力。20世纪70年代以来，社会学理论界在学校教育再生产发生原因上有不同流派，分别为再生产论（reproduction theory）、阻力论（theories of resistance）及批判教育理论（critical pedagogy theory）。持阻力论的研究者主要通过学校民族志等研究方法探讨学校文化传递与发展过程中的受阻现象。持批判教育理论的研究者把学校视为公共领域，学生通过学习知识符码和技巧来争取个人和群体利益。而作为再生产论代表人物之一的伯恩斯坦以符码（code）作为一个全新的分析概念。语言的使用已经不再是个人习惯，而是个人社会化习得、社会关系形态及社会认同的反映。①

伯恩斯坦通过对不同群体子女对同一种画面的不同表述进行话语分析和归类，认为一类群体子女的语言为精密性符码（elaborated code），而另一类群体子女的语言为限制性符码（restricted code）。精密性符码指一种“使词语的意义个体化，以适应专门情景要求的说话风格”。限制性符码则指由许多字（words）所构成的简单句子形式（pure form），对说话者（speaker）和受话者（listener）来说，所表达的内容是可以预测的，且趋于固定，带有描述性。

“没学过”这句话可以理解为限制性符码。儿童用自己与实际生活有关的体

① 周利敏，谢小平. 从“权力再制”到“文化再制”：教育实践中的符码逻辑——伯恩斯坦符码理论框架下的教育不平等问题［J］. 广州大学学报（社会科学版），2008（4）：68－72.

验来回答"'双减'政策是什么"。限制性符码是一种与说话者自身文化背景密切相关的言语类型。儿童在学校或家庭中习惯性地把来自教师或其他成人的问题看作一种考试或测验，以为是在考查自己对知识点的掌握。

回答"没学过"这类限制性符码的儿童，可能体现出以下特点和倾向：一是习惯对问题只做简略的回答，对广阔的世界缺乏好奇心；二是除了难以理解一般性规则外，也不知道该如何回应非情绪化的、抽象化的语言；三是需要将被问及的话语转译成自己所熟悉的语言；四是习惯了"填鸭式"学习，难以区分概括和抽象的概念。① 对许多关于"双减"政策实施的调研视频进行考察，发现大部分儿童在接受采访时体现了以上特点。要么不知道"双减"政策是什么，要么就根据教师或家长的引导来回答。儿童对"双减"政策的个人理解在一定程度上表达了其朴素的愿望：

这个"双减"政策呢，就是给学生和父母减压的。然后呢，再加了课后服务。简单点儿说就是让你们放松之类的东西，给你们减点儿作业。(*S*-*Y*-*G*-6-1-1)

又比如接受新闻媒体采访时所表达的：

晚上不用做作业，9点就能睡觉了。上小学一点儿都不累，还很开心。

"以儿童为被试的研究，其可靠性在很大程度上取决于儿童自由、积极参与研究过程的程度。"② 因此，对儿童进行访谈时，若直接问其对"双减"政策的态度和感受，往往可能得不到具体回答，必须对儿童的回答做进一步的解码和探究。"双减"政策对于儿童来说是一种"符号"。

二、身份化转译

受教育到底是义务还是权利？这是教育法的核心难题之一。作为公民，如果

---

① 吉登斯. 社会学：批判的导论［M］. 郭忠华，译. 上海：上海译文出版社，2013：583-584.

② KEFALYEW F. The Reality of Child Participation in Research［J］. Childhood，1996(2)：203-213.

把接受教育视为个人的自由选择或者私人事务，那么接受教育就是一种权利，个体可以选择接受，也可以选择放弃。但从国家角度出发，人的培养和成长关系到国家安全和民族安危，受教育是一种义务，即公民对国家、社会的义务。因此，受教育是权利还是义务取决于国家体制和教育目的。①

《中华人民共和国义务教育法》第四条规定："凡具有中华人民共和国国籍的适龄儿童、少年，不分性别、民族、种族、家庭财产状况、宗教信仰等，依法享有平等接受义务教育的权利，并履行接受义务教育的义务。"受教育既是权利，也是义务。第五条规定"适龄儿童、少年的父母或者其他法定监护人应当依法保证其按时入学接受并完成义务教育"。接受学校义务教育是儿童的权利和义务。那么，回到家庭层面，儿童被父母或监护人布置额外作业或被迫参加校外辅导时，可能会有抱怨：

我妈妈好烦的，都"双减"了，还是每天给我布置作业，老师都没布置了。可是我又不敢不做。(*S*－*T*－*S*－2－1－1)

"不敢不做"是儿童对父母的普遍态度，特别是对所谓的"虎爸""虎妈"。作为未成年人的儿童，对父母指令的服从是基于父母为其提供生存和发展的条件。在法学领域，家长主义的核心特征为——为了保护行为人的利益而限制行为人的自由。父母对儿童的教育干预行为符合这类家长主义的特征。父母对儿童的管教基于以下两个假设：一是作为未成年人的儿童缺乏独立判断能力和行为能力，必须由父母为其做出理性的判断和选择；二是父母基于血缘和亲情关系最有可能替儿童的利益着想。前一个假设用于理解和解释儿童为什么需要监护的问题，后一个假设解答了由谁来监护儿童的问题。但是，现实中很多父母对儿童的干预和管教等实践并不一定完全符合这两个假定。②

父母替儿童的利益着想，但是否真的能为其教育做出理性的判断和选择，是值得反思和追问的。当参加课外辅导、就读高质量学校已成为较普遍的家庭教育投入时，很多父母较难理性判断，往往会出现"摇摆"心理。现实生活中父母

---

① 汪雄. 教育目的的双重性对教育法的影响［J］. 财经法学，2018（4）：89－101.

② 黄文艺. 作为一种法律干预模式的家长主义［J］. 法学研究，2010（5）：3－17.

教养体验呈现出负面倾向，最常见的是担忧、苦恼、生气等。担忧源自父母对儿童当前状况实质性影响的顾虑和对其未来发展潜在影响的不安。苦恼则更多源自无法有效应对儿童成长中的问题。① 父母的这种担忧和苦恼又进一步传递给儿童：

> 如果我不上辅导班的话，那今天别想玩手机，也不让我出门，就让我呆在家里看书、写字、读背英语、写作业，上午就没了。中午有时候又会蹦出来一节辅导课，因为我妈妈可能会突然私自给我加了一节。（S－T－L－4－1－1）

父母在儿童参与权及教育权上的偏好取舍可能造成儿童知行分离，面对是否给予儿童参与机会时，父母会首先考虑是否与其学业冲突、接送是否方便、参与是否有回报，由此，儿童参与劳动、闲暇等活动的机会被功利性地剥夺了。② 不少儿童在面对父母布置额外作业和送其参加校外培训等干预时，显得既无助又无奈。儿童的属性及对家庭的依赖让其只能接受家长的安排：

> 被迫无奈参加补课班。家长觉得别人补你就得补。（补课都是）校外机构还有家长之间互相讨论出来的。家长还会布置应用题之类的额外任务（给我），肯定是挺累的。（S－P－Z－5－1－2）

儿童参与权是联合国《儿童权利公约》赋予儿童的四大权利之一，参与权即儿童有权对影响他/她的任何事情发表意见。③ 有调查显示，大部分儿童不熟悉儿童参与权，儿童参与家庭重大决策的机会很少，参与期望也不高。④ 随着年龄变化和身心成长，儿童对自我决定权的认识会逐渐增强，而儿童对个人事务的

---

① 史秋霞，王开庆．做好父母：家长主义浪潮下的教养困境——基于畅销杂志读者来信的文本分析［J］．当代青年研究，2021（2）：13－19.

② 何彩平，赵芳．父母教养方式对儿童参与的影响［J］．当代青年研究，2021（4）：46－52.

③ 马晓琴，曾凡林，陈建军．儿童参与权和童年社会学［J］．当代青年研究，2006（11）：47－51.

④ 曾凡林，马晓琴，周森．青少年视野中的儿童参与状况调查［J］．青少年犯罪问题，2006（5）：25－30，21.

控制又与儿童对自主和权利的认识相关联。① 父母应重视儿童参与，在日常生活中适当赋予儿童权利。儿童和父母应多学习法律知识，知晓作为未成年人的儿童享有什么权利，才能更好地促进“双减”政策执行。

三、策略化转译

与“双减”政策出台前相比，儿童在一定程度上拥有了更多闲暇时间。儿童是通过想象和玩耍去学习和理解周围世界事物的，闲暇让儿童拥有自由的时间和空间去思考、交流、实践和探索，尝试与外部环境（人、事、物等）建立具有自我解释意义和社会镜像功能的关系，在自主建构的个性化环境里探索发展的多种可能。②“双减”政策明显可见的效果是儿童作业少了，自由时间多了：

“双减”之后，我的作业减少了，也没有补课班了，比较轻松，有更多时间做自己喜欢的事，我挺开心的。(*S*－*T*－*W*－4－1－1)

“做自己喜欢的事”是在对儿童的访问中出现频次最高的话语。能“做自己喜欢的事”是儿童在“双减”政策执行中的一种策略化转译，即“自己喜欢的事”不属于负担。当问及“自己喜欢的事”是什么时，得到的答案有运动、看书、跟同学玩耍、户外活动等。对于一、二年级的小学生而言，没有了书面作业，放学后可以玩耍和运动的时间增加。中高年级的小学生则更多将时间用于看课外书，因为父母不允许其使用手机等电子产品。

“双减”政策要求改变学业评价方式，学校不得公布考试成绩排名，广州不少学校在试卷设计上尝试采用开放式题目，有儿童表达了对考试和排名的看法：

排名不排名倒无所谓，其实我们大概都知道自己会在什么位置。但我还不太习惯数学题没有答案。(*S*－*Y*－*K*－5－1－2)

---

① TOMANOVIC S. Young People's Participation within the Family: Parents Accounts [J]. The International Journal of Children's Rights, 2000 (2): 51－71.

② 王乐. 学校生活中儿童闲暇的自由失度与重构 [J]. 基础教育, 2020 (2): 45－51, 60.

政策要求不能公布考试成绩排名，这对儿童的影响不大。但习惯题目有正确和固定答案的儿童忽然面对另一种状况时（由原来有固定答案的考试变成了开放性的考试）也许会感到不适应。这种不适应更多来自对未来评价改变的担忧，因为没有固定答案意味着自己很难猜测和判断大概成绩。这种不确定性让习惯了靠应试取得成绩优势的学生明白——得调整自己应试的方式方法了。

当被问及知不知道自己以后升学的区域或学校情况时，大部分儿童表示“不了解区域初中升学的情况”“不了解中考”等。在问及对“双减”政策的建议时，以下回答很有意思：“应该在学校里再增加一点儿美术课和音乐课”“对‘双减’的建议就是上课的时间还可以再少一点儿”。

第二节　教育政策执行中如何关注儿童利益

从儿童“双减”政策执行情况分析可以看出，政策对不同群体的价值是不同的，不同群体存在不同利益诉求，而儿童群体内部也有不同需求。“假如我们的社会在教育方面的唯一目的就是儿童个人的最大利益，相应地，在任何情况下政府都不能有意利用儿童，把他看做是社会政策的工具而不顾及他的利益。”①

那么，儿童的需求该如何表达和满足？由于儿童作为未成年人的不成熟性特点，让儿童来做出选择和决定显然是不恰当的，特别是年龄较小的儿童。在现实生活中，目前是由父母来做出选择和决定，由此也就出现了前文所述的家长主义或家长制。

一、儿童的利益

讨论儿童权利未必是保护儿童利益的最佳途径，但厘清儿童利益却可以为儿

---

① 孔斯，休格曼．教育选择：家庭的权利与责任［M］．王佳佳，程接力，韦珠祎，译．桂林：广西师范大学出版社，2018：36.

童权利提供有效的辩护。① 儿童利益不仅表达了儿童欲求的对象，也要求社会或他人予以承认、尊重和保护。儿童利益是现代教育理论的重要议题，构成了处理各种与儿童有关的社会政策、制度或行动的标准。②

日常生活中，人们常说的利益指某一个体或群体获得的“好处”，而在概念辨析上，利益更多是作为“规范—评价”用词，包含的是对个体或群体而言“好”或“善”的东西。儿童利益既与成年人利益有相同的地方，也存在独特的地方，主要体现在儿童具有与成人不同的主体利益（agency interests），具有成人所不具有的独特利益。联合国《儿童权利公约》反复强调“儿童的最大利益”，因为与成年人相比，儿童是弱小的群体，智力和体力有待发展，且缺乏政治力量和经济力量。如果儿童利益得不到特别的重视，其许多权利都无法实现。而保护这些权利可以帮助儿童获得最大利益，损害这些权利则损害儿童的最大利益。理解和尊重儿童权利的一大障碍是落后的传统。保证儿童“安全与归属”“休息和闲暇”“意见被听取”（the right to be heard）等权利的实现，也就是保护儿童的最大利益。

父母或其他群体在多大程度上可以合理地对儿童的态度、价值观、行为及未来发展等方面进行干涉、施加影响，最重要的价值标准就是看是否符合儿童的最大利益。③

二、儿童的自主权

在法学理论里，权利是做某事或者得到某种待遇的资格。自我决定权主要指个人按自己的意愿对自身利益进行自由支配的权利，意味着个人是自己命运的决定者和自己生活的作者。家长主义是一种基于家庭关系的比喻，用以阐述国家保护目标群体的必要性，一般可理解成为了个体的利益而限制个体的某些自由。

---

① O' NEILL O. Children's Rights and Children's Lives [J]. Ethics, 1988 (3): 445 - 463.

② 程亮. 儿童利益及其教育意义 [J]. 教育研究, 2018 (3): 20 - 26.

③ 尹力. 试论父母教育权的边界与内容 [J]. 清华大学教育研究, 2012 (5): 41 - 46.

一方面，“双减”政策的制定体现了政府对家庭或儿童的“家长主义”。校外培训机构从行业诞生以来，主要是基于市场需求而蓬勃发展起来的。家庭的需求使校外培训机构滋生了各种形式，这属于市场行为。作为商业机构，校外教培机构主要遵循市场监督管理局等部门的规定来开展业务。然而，在发展过程中，家长和机构都忽视了一点，即教育不是商品。政府的作用在于对不规范行为及可能危害儿童发展的行为做出反应，这意味着需要对校外培训机构进行规范和治理。“双减”政策正是这样一种工具，其基于国家和政府对儿童发展和儿童利益的保护，通过限制儿童参加校外学科培训来实现目的。教育培训并非只具有单一商品属性的业务，国家和政府对行业进行管理具备理论依据和法律依据。

另一方面，在“双减”政策执行过程中，父母为儿童所做的决定等是“家长主义”的另一种体现。大部分儿童对升学、读什么样的中学是没有概念的，因此，父母决定让儿童“卓越”的意愿和选择体现了父母的意愿，可能并非儿童自己的选择和意愿。儿童的成长被父母安排，儿童没有自主选择权，即便有选择也不一定能体现出自己的意志。

三、儿童的参与

在政策执行中，儿童的自主权可以通过儿童参与来实现。“儿童的参与是教育正义实现的条件，离开了儿童自由、平等、广泛而理性的参与，正义生活将失去其实现的可能。”① 很多研究也表明，儿童具备一定的自主能力。儿童参与家庭事务并拥有自主能力，特别是在自身学习和升学问题上进行抉择的能力，可以参照儿童在儿童问题研究中角色转变的三个阶段来培养和发展。儿童参与研究的三个阶段如下：（1）儿童作为研究的“对象”，即研究者对儿童进行研究（research on children）；（2）儿童作为研究的“参与者”，即研究者与儿童一起研究（research with children）；（3）儿童作为研究的“领导者”，即研究由儿童主导

① 胡金木. 儿童参与式民主生活的建构：必要与可能［J］. 安徽师范大学学报（人文社会科学版），2020（6）：120－127.

(research by children)。[①] 在家庭选择或社会事务中，随着儿童年龄增长，也可以通过以上三个阶段来做出教育决策，即先由父母或教师等根据情况做决定，然后儿童慢慢参与到决策中来，最后由儿童主导，做出选择。

学界对儿童的参与有不同理解。有研究者认为，儿童的观察就是最好的参与。这种日常观察被描述为——儿童通过观察家庭或社会的日常生活场景，以介入或旁观的方式经历各种社会生活事实，普普通通的日常生活情节在儿童的发展过程中起到巨大作用，让儿童从中懂得了生活是什么。这种儿童的日常参与解决了单调、偏颇和虚假等三大问题，对儿童的发展和教育具有重要作用。[②]

第三节 教育政策执行中如何为儿童做决定

在以儿童利益为目标的前提下，应该以什么样的标准和程序来实现儿童的自主权、为儿童做决定呢？约翰·E. 孔斯（John E. Coons）和史蒂芬·D. 休格曼（Stephen D. Sugarman）在其合著的《教育选择：家庭的权利与责任》一书中，提出可以通过分配决策权来为儿童做出教育决定。尽管最终决定无法令所有利益相关者满意，但整个过程应该由了解儿童、关心儿童的个人或群体完成，同时整合儿童的声音。因此，如何为儿童做决定可以从三部分综合考虑：声音、知识和关怀。[③]

一、声音

儿童代表自己说的话应该被听到，已经越来越成为社会共识。这也是本书专

---

① KELLETT M. Rethinking Children and Research: Attitudes in Contemporary Society [M]. London: Continuum International Publishing Group, 2010: 110.

② 丁道勇. 儿童的日常参与：一种观察教育的视角 [J]. 教育发展研究，2016 (20): 59-65.

③ 孔斯，休格曼. 教育选择：家庭的权利与责任 [M]. 王佳佳，程接力，韦珠祎，译. 桂林：广西师范大学出版社，2018: 46.

门用一个章节来论述儿童在“双减”政策执行中的话语和转译的重要原因。儿童作为自身生活的建构者，有权利与自由表达自己的想法；在决定自己的教育方式或升学时，儿童的声音要被听到，同时应被充分考虑。“声音”表征着个体在符号交换过程中所遵循的习惯性的“行事”与“言说”方式，在使用过程中反映了不同场域与社会地位对个体的制约与个体的能动性。在批判话语学视野中，“声音”就象征着话语秩序，对个体来说，“声音”的话语形构必须服从自身所参与的社会实践规定的权力与控制原则。① 若儿童的意见不够成熟或无法实现，成人应该进行合理解释，而不是粗暴否决。尊重儿童，尽量把儿童当作平等的对象，当作有自由意志的人。儿童可以通过多种途径来表达自己语言和非语言的信息。

声音除了意味着被听到，还传递着特殊的信息。在伯恩斯坦看来，“声音”体现了个体对话语实践不同语境的鉴别能力。个体通过“声音”确立了何时何地该说何话的得体性标准，生成“识别”原则；声音又帮助个体成功地展开交往互动，传递出特殊的信息，从而铸就个体的“实现”原则。② 不能简单地听儿童的声音，还要对其进行分析。因为从儿童的声音中可以看到儿童的时代变化特征。社会和家庭、教师和父母都要通过儿童的声音看到儿童的发展，不同时代的儿童会体现出不同的发展特征，要根据这些新的发展特征来调整对儿童的培养和教育方式方法，不能只以自己的成长经验和旧观念、旧眼光去看待今日的儿童。

二、知识

除了倾听儿童的声音外，个人或群体在为儿童做决定时，还要满足另外两个标准：一是对儿童的了解程度较高，二是对儿童利益的关心程度较高。从教育学的角度出发，成人要达到以上两个标准，还应掌握关于儿童的知识。可以将关于儿童的知识分为两类：一类为个人知识，一类为专业知识。

---

① 何永成. 融合与内化：兼评伯恩斯坦、布迪厄对批判话语分析的理论贡献［J］. 温州大学学报（社会科学版），2007（2）：86－91.

② BERNSTEIN B. The Structuring of Pedagogic Discourse：Class，Codes and Control（vol IV）［M］. London：Routledge，1990：15－17.

所谓个人知识指个体或群体对某个特定儿童的了解和熟悉，即掌握关于儿童个体的信息，如个性特点、学习特长、能力优势等，以便为做出决策提供数据和信息等依据。这类知识的获得需要通过观察、接触、交流和互动等，进入儿童的现实世界，想儿童之所想，并推己及人。

专业知识主要指个体或群体作为成年人关于社会现状、教育理念、学校制度等与儿童发展有关的知识。这些知识作为成年人的基本知识储备，使成年人在面对不同时代和社会现实时，可以做出相对合理的分析，并对儿童成长和升学等事项做出理性判断。

在为儿童进行教育选择时，上述两类知识很重要，会对个体或群体做出决策产生影响。

三、关怀

决策者除了要倾听儿童的声音，拥有个人知识和专业知识外，还应关心儿童的利益。对儿童利益的关心就是一种关怀。在“双减”政策执行中，国家和政府基于这种对儿童身心发展的关心，对课外教育培训机构进行治理，对校内作业减负进行细致规定，保护儿童的利益。比如，儿童是通过身体来开展各种具体生活实践活动的，“双减”政策就意在破解现实教育中儿童身体遭遇的困境，因此“双减”政策中包含着对儿童身体的关怀。①

个体或群体对儿童的关怀，有的来源于个人情感的投射，有的来自个人利益的需要。相比其他群体，家长对儿童的关怀更多源于情感。回到家庭，家长应全面思考什么是儿童的最大利益，而不应首先从家庭经济利益出发来考量。儿童的健康和快乐的童年生活应该被放在首位。也有研究表明，家庭加强与儿童的日常情感交流，给予儿童更多关怀，可以改善困境家庭儿童的身心健康状况，从而减少儿童受欺凌的风险。②

---

① 方芳，孙彩平．“双减”政策的身体视角解读：重拾对儿童身体的教育关怀［J］．中国电化教育，2022（7）：73－79．

② 杜本峰，廖梦琦，茹愉焙，等．家庭关怀度对困境家庭儿童受欺凌风险的影响［J］．青年研究，2021（2）：73－81，96．

在最广泛的意义上，关怀是人类生存和发展所必需的、能表达出个人政治诉求并体现社会正义的基础。①

第四节 小结

“双减”政策对于儿童来说，更多是作为一个名词或知识点而存在的。不同儿童呈现出不同特征。伯恩斯坦的符码理论在一定程度上可以解释儿童受家庭环境因素影响而呈现出不同的话语表达。儿童在政策执行过程中的话语和行动与成人有所不同，其表达更加直接，但总的来说，儿童在“双减”政策执行过程中也呈现出符号化、身份化、策略化的转译。“不用做作业了”“做自己喜欢的事”就是策略化转译。

在教育政策的制定和执行中，儿童的声音必须被听到，且应以儿童利益为出发点。儿童可以通过参与的方式逐步实现在教育选择等方面的自主权。在为儿童做教育选择或决定时，应该从三个部分进行综合考虑，即儿童的声音、成人的个人知识和专业知识、对儿童的关怀。

① COCKS J. The Ethics of Care: Personal, Political, and Global (Book Reviews) [J]. Perspective on Politics, 2006 (4): 755 -757.

第八章
研究结论与建议

希腊诗人阿基洛科斯存世的残篇里有言："狐狸多知，而刺猬有一大知。"原文隐晦难解，后世学者各有诠释。推诸字面意思，可能是说，狐狸机巧百出，不如刺猬一计防身。若稍加演绎，它可以作为分类标准，成为区分作家之间、思想家之间，甚至是一般人之间各种类别的显著差异之一。

——Isaiah Berlin *The Hedgehog and the Fox: An Essay on Tolstoy's View of Histoty*

第一节 基本结论

通过对政府部门及其工作人员、教培机构及其从业人员、学校与教师、家庭与父母、作为学生的儿童在“双减”政策执行中的转译进行分析，得出政策执行者的共同特点，即个体面对政策时呈现出三种基本转译方式。

一、教育政策执行存在三种基本转译方式

通过对政府部门及其工作人员、教培机构及其从业人员、学校与教师、家长与学生等不同群体进行考察和分析，发现在“双减”政策执行过程中，这些群体都呈现出三种基本的转译方式，即符号化转译、身份化转译和策略化转译。

（一）符号化转译

政策是权力的一种符号象征。政策是与国家、政权、权力息息相关的概念。个体将权力让渡给他人，通过人与人之间“授权并放弃”的契约，国家最终得以建立。个人将权力让渡给国家，国家通过代理人来行使权力，政策就是国家和代理人行使权力的一种方式。因此，政策是权力符号的一种象征。

对于具体个体来说，政策具有不同的符号象征。对于政府部门如教育局的工作人员来说，“双减”政策是国家大事，其对政策的理解是从如何执行更有利于推进工作出发的。对于教培行业从业人员来说，“双减”政策是一种调整，其对政策的理解是从如何调整个体行为以符合要求出发的。对于学校和教师而言，“双减”政策是一种完善，其对政策的理解是从如何行动能推进学生德智体美劳全面发展出发的。对于家庭和父母而言，“双减”政策是一种改变，其对政策的理解是从如何选择能使孩子更有优势或身心更健康出发的。对于儿童来说，“双减”政策可能更多是作为一个名词或知识点而存在的。

（二）身份化转译

政府部门工作人员在政策执行中体现出对政策的拥护，并尽量想办法实现政策目标。教培机构从业人员认为，政府部门规范校外培训机构的原因之一也许在

于教培企业的商业性质，即“商人逐利”，行业无序发展。教师群体作为教育专业工作者，在面对“双减”政策时会从人才培养角度出发，从教师职业责任感出发，对教育教学效果和效率等进行思考。“双减”政策之下，作为公民，如何为孩子遵从国家政策和社会规则做好示范，也是值得家长思考的问题。作为未成年人，儿童对家长指令的服从基于家长为其提供生存和发展的条件，因此，在学业上，儿童面对家长的要求“不敢不做”，这是儿童对家长的普遍态度，特别是在面对所谓的“虎爸”“虎妈”时。

（三）策略化转译

策略化转译是一种个体对政策执行的综合考量方式，执行者会根据自身理解和个体情况进行选择和行动。

政府部门如教育局的工作人员积极推进政策执行，因为多一项权力既便于独立开展校外监管工作而不用求助其他部门，也可由此推进其他相关工作。教培机构从业人员根据“双减”政策对素质培养、体能类培训的宽松规定，推出符合政策要求的大文体项目。教师为事业单位工作人员，其谨慎表达群体意见。家长遵守“双减”政策要求，对个体行为进行调整。作为学生的儿童认为能“做自己喜欢的事”，这是一种策略化转译，“做自己喜欢的事”如做运动、看书、跟同学玩耍、进行户外活动等，就不属于负担。

（四）行动者网络理论视角下的转译达成

基于行动者网络理论，在“双减”政策执行中，不同群体均作为执行者，并呈现出不同转译方式。单一从政策结果出发去评价政策执行中的转译方式是没有意义的。可以从政策执行模式的类型出发，去探讨为什么会出现不同的转译方式。

面对不同政策、不同社会和区域背景，不同个体会根据自己的认知和观念等做出应对方式选择。因此，当关注一项政策是否达成预期目的时，不能单纯从简单的数字去评价，而是应该关注活生生的人在现实生活中的具体态度和行为。研究方式也应该是多样化的，从不同理论、不同视角出发，寻找和看待不同问题。政策执行研究之所以复杂，正是因为现实中的人都具有能动性（agency），这种能动性是人类建构社会的基本动力之一。约翰·杜威（John Dewey）关于人如何逃避危险的观点是对能动性很好的回答。人生活在危险的世界当中，不得不寻求安全，其途径有两种：一种是试图同四周决定着自身命运的各种力量进行和解，以祈祷、献祭等虔诚的方式，通过改变自我屈从于环境从而达到和解；另一种途径是发明许多艺术，如建筑房屋、缝制衣裳、共同生活等，通过劳动和艺术，从威胁自身的条件和力量中构成一座堡垒。①

拉图尔在著作和访谈中也不断提到能动性（agency，也有研究者认为翻译成创造力更能表达原意），认为先前的社会学对生活秩序形成与建构问题的回答只强调人而忽视了物，而真正的生活秩序是由人之能动性（agency of humans）与物之能动性（agency of objects）交织而成的，比较妥当的研究必须有能力追踪及刻画人的能动性与物的能动性共同编织出新秩序的过程。②

在“双减”政策执行中，不同行动者通过不同转译，构成多样态的行动者网络，详见图8－1。

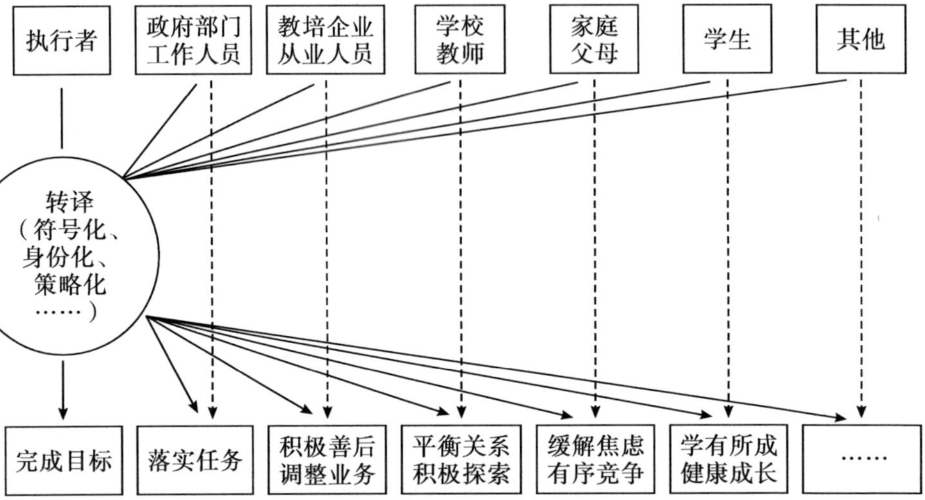

图8－1 行动者网络理论中的“双减”政策执行与转译达成③

---

① 杜威. 确定性的寻求：关于知行关系的研究［M］. 傅统先，译. 上海：上海人民出版社，2004：1－2.

② 卢崴诩. 编织人与物的创造力：一个探索生活秩序形构历程的社会学方法论［J］. 社会科学，2022（5）：150－158.

③ 此图受罗峰和崔岩珠的研究启发，在框架上有所参照，内容上根据本书研究进行修正，原图详情可见《行动者转译偏差：政策执行何以陷入“困局”？——以S市托育政策执行为例》。

政策文本、不同群体（政府部门及其工作人员、教培机构及其从业人员、学校和教师、家庭和父母、作为学生的儿童）相互产生作用，建立不同联结，在“双减”政策执行中构建出一种新杂合体秩序，这种秩序也体现为不同的转译方式。

二、转译方式与政策执行模式相吻合

在公共政策领域，政策执行又可作为决策过程中的一个阶段，在该阶段中，由相应机构和执行者令政策产生作用，发挥影响，执行涉及将政策出台转化为政策结果。有研究者将现有执行结构、各执行主体部门内部决策和目标群体行为视为执行过程的三个组成要素。① 执行结构指为实施政策而建立的正式组织。各执行主体部门内部决策指正式的决策权，其便于政策实施。只有目标群体以预期的方式改变其行为，才能说政策得到有效执行。政策执行涉及多个执行主体，执行研究的重点可以是执行结构、执行主体部门内部决策或目标群体行为。政策执行的方式和产生作用的方式不止一两种，执行者的行为也呈现多样性，因此政策执行分析变得复杂。目标群体或执行者行为的多样性又反映在研究者用来描述和解释政策执行时所采用的不同理论和观点中。

自上而下模式是执行研究的传统方法，侧重于政策产出，关注政策执行过程中预期目标的达成程度及影响因素。20 世纪 70 年代末 80 年代初出现了由下而上模式，这一模式关注在特定政策问题操作层面进行互动的行为者，强调政策制定、执行和重新制定各阶段之间的紧密联系。之后又出现了整合模式，其通过整合自上而下、由下而上两种模式，试图解决两者之间的分歧。三种研究模式的具体情况和比较见表 8－1。

---

① CHRISTOPH K, TOSUN J. Public Policy: A New Introduction [M]. London: Macmillan Education UK, 2020: 122－124.

表 8－1 政策执行的三种模式①

执行类型	评估标准	优点	缺点
自上而下	以政策目标实现程度作为判断政策执行是否成功的标准	允许对执行过程的结果提出明确期望；可以扩展到政策反馈等其他方面	漠视政策起草期间采取的行动；忽略基层部门的行动；把地方执行者排除在外
由下而上	以执行者学习、能力建设和支持建设对政策结果的影响程度为标准	同样注重制定和执行；对实际执行公共政策的行为者之知识和偏好进行建模；更关注现实情况	由于政策预期结果的灵活性，执行分析复杂化；地方一级执行者自主行动的规范性值得论证；高估地方一级执行者的自主性
整合	认识到政策目标的模糊性	允许对执行进行更现实但分析上更简洁的建模；提出分析类别以解释不同的政策结果	视角不确定，不同模式中不同因素占主导地位

理查德·麦特兰德（Richard E. Matland）在回顾以往研究的基础上，划分出四种不同的执行过程类型：行政性执行、政治性执行、实验性执行和象征性执行②。

就行政性执行而言，政策结果由资源决定。执行过程好比机器操作，只要发出指令，配套足够的资源，就可以得到相应的政策结果。

就政治性执行而言，各执行部门或参与者有明确的目标，执行者的行动在一定程度上依靠权力的强制性。

就实验性执行而言，政策结果取决于不同情境中的行动者和资源。在微观层面，不同情境对政策执行产生不同影响，因此较难对政策结果进行预测。

① CHRISTOPH K，TOSUN J. Public Policy：A New Introduction [M]. London：Macmillan Education UK，2020：122－124.

② MATLAND R E. Synthesizing the Implementation Literature：The Ambiguity-Conflict Model of Policy Implementation [J]. Journal of Public Administration Research and Theory，1995 (2)：160.

就象征性执行而言，政策执行过程中存在着控制资源的地方部门或行动者联盟，且这种结盟的紧密程度和产生作用的大小因情境而异。执行者的背景不同，对政策的理解存在分歧，从而导致政策拖延等情况。

以上四种类型中，前两种属于自上而下模式，后两种属于由下而上模式。根据前文对不同组织和群体在“双减”政策中转译行为的分析，可以将转译行为与不同执行模式进行对应。国内有研究者沿用自上而下、由下而上、整合模式的分类，选取国内有代表性的文献对政策执行逻辑进行归纳，总结影响中国公共政策执行的七种诠释：强调自上而下的央地关系研究，关注由下而上的街头官僚（政策执行者的再设计过程）、行政体制（选择性执行理论）、行政生态（基层共谋的制度逻辑解释）研究，以及偏向整合路径的政策性质（政策模糊性、冲突性）、制度视角（激励与利益分化）和组织视角（执行结构摩擦力）分析。① 这些本土化的阐释表明了政策执行的复杂性及执行研究多元视角的需要，但总体来说都沿用了经典的自上而下、由下而上及整合模式的三分法。因此，采用这种三分法探索行动者的转译方式与政策执行模式的对应关系，存在理论和实践合理性。

（一） 自上而下模式与符号化转译

普雷斯曼和威尔达夫斯基在其关于政策执行的研究中提出，政策目标可能会在执行阶段发生重大偏差和变化。② 二人开创性地认为：在执行阶段可以经常观察到政策目标的变化，目标达成程度是执行成功的主要指标；有效执行对应政策目标和结果之间的匹配。二人将政策执行视为不同偏好的不同参与群体的目的性行动。如果执行过程中各参与群体的合作出现问题，政策目标就会出现偏差；执行过程的参与链越长，参与执行过程的群体越多，执行就越困难。为了解决这一问题，权力的作用就显得大为重要。

---

① 陈丽君，傅衍. 我国公共政策执行逻辑研究述评 [J]. 北京行政学院学报，2016(5)：37-46.

② PRESSMAN J, WILDAVSKY A. Implementation [M]. Berkeley: University of California Press, 1973: 98-112.

政府部门、教培机构、学校等在政策执行中都出现了“符号化”转译行为。所谓“符号化”，就是执行者将政策推动者作为一种权力表征符号，执行者在政策执行过程中关注谁在推动政策。推动者的身份是一种权力符号，代表的并非其本身，而是推动者的行政级别和其所行使的国家权力。

麦特兰德在划分行政性执行和政治性执行时也提到了权力的决定性作用。麦特兰德对政治与行政的区分属于西方传统分类，即“政治与政策或国家意志的表达相关；行政则与这些政策的执行相关”①。此处行政（administration）主要指官僚制，是对政府部门行政角色的认定。行政性执行通过官僚组织的常规性工作即可达成。很多冲突性不高、模糊性低的政策往往通过这种行政性执行即可有效推进。比如免费义务教育、学校教师不能给学生进行有偿补课等类似政策，通过行政性执行即可达成目标。

“双减”政策更多体现为政治性执行，即需要通过发挥权力的因素，将政策执行上升为政治任务，通过政治化的手段和形式来达成政策目标。② 先通过试点城市来推进，不同试点城市有不同的政策要点，体现了“双减”政策出台初期在目标界定和评估、政策工具选择等方面处于探索过程。不同群体的转译中也呈现出政治性执行的特点。政府部门工作人员的政治站位和大局观，佐证了政治性因素对政策执行的重要性。这是因为在政策执行中，政治是首要考虑因素，政治是灵魂，是大局。③ 对于现阶段来说，政治化手段是推进政策执行的有效方式。就家长和学生而言，权力因素并非直接通过政府部门作用于自身，因此在“双减”政策执行中，政策文本化身为一个符号。家长深谙社会运作规律，对现实有一定认知，更能理解政府部门或学校的措施和做法，并能理解具体政策执行背后的政治性因素。对于作为学生的儿童来说，其也能感受到一定的来自外界的压

---

① 古德诺．政治与行政：一个对政府的研究［M］．王元，译．上海：复旦大学出版社，2011：11.

② 李元．公共政策的行政性执行和政治性执行研究：基于华中A县教育政策执行的案例分析［D］．上海：上海交通大学，2016：28.

③ 王沪宁．政治的逻辑：马克思主义政治学原理［M］．上海：上海人民出版社，2004：281－283.

力，这种压力主要由教师和家长传递而来，是由儿童无法清楚描述的“双减”政策带来的。对儿童来说，其还未能完全理解政策给自己生活带来的实在影响，“双减”政策并不是无形的，而是成为生活中的一个名词或符号，存在于儿童身边。因此，本书采用“符号化”来指称这种政治化的转译行为，将政府部门工作人员、教培机构从业人员、教师、家长和儿童的转译行为统一起来，并对应于政策执行自上而下模式中的政治化执行类型。

在我国政治语境下，政治性执行往往与行政性执行交叠在一起，很难做出明显区分。在“以党领政”的政治生态下，我国形成了以党为主导、高位推动的独特政策执行体制。① 政策执行中的执行者对中央与地方政府关系的处理就体现了这一点。有研究者从中央和地方谁主导政策执行的视角出发，同时考虑政策特性（冲突性、明晰性），提出了地方政府的政策执行框架，认为在不同政府之间关系和政策特性条件下，地方政府会采取不同的政策执行策略行为，如“行政性服从”“政治性服从”②。在“双减”政策执行过程中，从上到下的不同群体执行者都一致认为，“双减”政策属于中央重点关注工作，需要认真对待。这是典型的自上而下逻辑和思维定势。

（二）由下而上模式与身份化转译

政策执行的由下而上模式以过程为导向来看待政策执行，试图跨越政策制定和执行之间的鸿沟。政策目标不再被定义为某个要达到的固定指标，而是可能在执行过程中调整、完善。政策的有效执行不是通过实现、达到某个确定指标或目标来衡量的，而是通过执行者的具体情况来判断。

在这种模式中，微观层面的执行者因素得到重视。在“双减”政策执行中，政府部门工作人员从自身身份出发，利用“双减”政策执行过程中的机会推进相关工作。教培机构从业人员从“商人”身份出发，分析行业弊端和政策价值。

---

① 陈丽君，傅衍．我国公共政策执行逻辑研究述评［J］．北京行政学院学报，2016（5）：37－46．

② 殷华方，潘镇，鲁明泓．中央—地方政府关系和政策执行力：以外资产业政策为例［J］．管理世界，2007（7）：22－36．

教师从专业工作者身份出发，表达对相关教学问题的看法。

政策执行过程中微观层面行动者的作用和影响不容忽视，对于某些教培机构或家庭来说，其选择和行动也许与政策预期效果有不符合之处。因此，在由下而上因素的影响下，政策结果在一定程度上是较难预料的。2022 年 10 月 28 日，教育部部长怀进鹏在第十三届全国人民代表大会常务委员会第三十七次会议上所做的报告即《国务院关于有效减轻过重作业负担和校外培训负担，促进义务教育阶段学生全面健康发展情况的报告》提出，“双减”工作具有长期性、复杂性、艰巨性，存在问题和不足。其中问题之一就是：

> 学科类培训隐形变异难题还需破解。有的机构以“高端家政”、“众筹私教”、“住家教师”等名义违规开班，隐蔽性强，存在发现难、取证难、查处难的问题。有的机构表面关门闭店，实则转移到居民楼、酒店、咖啡厅等隐秘地点违规开展培训。还有机构提供线下“一对一”家教服务，或通过通讯软件开展线上培训。

基于身份角色和自身利益，政策执行中微观层面的行动者往往会做出与政策目标冲突的行为，而这些行为正是行动者基于个体身份的转译行为。比如，部分教培小企业无法转型，从业人士寄希望于临时性规避，不希望失去市场而重新就业；对于家长来说，与教培机构联盟，可以通过不同方式让自己的孩子继续参与学科培训，实现优势积累。隐秘性违规培训和“一对一”家教服务，是执行者对政策执行的一种转译偏差，体现了行动者的多变特征。

在由下而上的模式中，判断政策是否得到有效执行，不是根据初始目标和实际结果之间的比较，而是应考量实际发生了什么。身份化转译是行动者对政策执行的本能反应，体现了政策执行的复杂性。若要实现政策执行的忠实取向，政策制定者或研究者都必须关注微观层面的具体行动者。只有了解实际需求和具体利益，才能真正对行动者的选择和行为做出有效判断，从而实现政策初衷和目的。

（三）整合模式与策略化转译

基于整合自上而下和由下而上两种模式优点而建立的模式被称为整合模式，也被翻译为混合模式等。麦特兰德于 1995 年提出的政策执行混合模型就是整合模式代表之一。整合模式主要是根据不同政策类型和地区或对象具体情况来进行建模或分配资源等。整合模式的特点是根据实际情况来确定具体策略。这一模式的特点体现在具体行动者层面，也就是策略化转译。

有研究者将整合模式本土化为博弈模式，即中国的公共政策执行是决策者与执行者、执行者与执行者之间基于各自利益的博弈过程，并认为中国政策执行中的博弈是在不断变化的政策执行结构中进行的，因此形式和原因具有多样性，在博弈形式上存在有秩序的和无秩序的两种情况。无秩序的博弈指博弈行为未得到政策认可，是政策执行过程中随时发生的策略性行为，其内容也往往在政策目标范围之外。① 无秩序情况恰恰就是区别和特点。因为西方国家有相对稳定的政策执行结构（政策网络），所以其博弈结果往往具有相对较强的可预期性和可管理性。

在“双减”政策执行中，各层面的执行者都会根据现实情况做出执行行为。政府部门工作人员的策略化转译行为关注如何更好地完成任务，将重点放在校外学科培训机构治理上，学科培训的管制是明显可见的政策执行成果。对于教培机构来说，“双减”政策出台后，劳动及自然教育、红色研学、体育及非遗等成为市场的新热点，其及时进行业务调整，这样既与原来的业务相关性大，人员、资源等也无须大变动。作为事业单位人员，教师从工作时间、教学等方面积极提出对“双减”政策的建议。作为学生的儿童则可以“不用做作业”，有更多时间“做自己喜欢的事”。以上行动者在“双减”政策执行中的策略化转译行为都体现出个体的灵活性和能动性。

策略化转译方式也符合政策执行整合模式的特点。政策影响人们的行为，人们的行动也会影响政策目标和政府行为，这成了整合模式的一种角度。个体在政策执行中通过不同转译方式塑造不同的执行模式。

行动者在面对不同情境、不同政策时，会有不同的行为方式。与一般的公共政策不同，教育政策涉及受教育者的发展性、教育者的人文性、教育发展的不均

---

① 龚虹波. 执行结构—政策执行—执行结果：一个分析中国公共政策执行的理论框架[J]. 社会科学，2008（3）：105－111，190.

衡性、教育问题解决的不充分性，因此教育政策具备弹性、模糊性等柔性特征。在教育政策执行过程中，存在柔性执行（也被称为弹性执行）情况，即执行者在充分理解政策精神的基础上根据自身条件灵活选择多种方式实现政策目标的过程。① 柔性执行在一定程度上符合现实语境下“双减”政策执行者的特征，特别是对于学校和教师、家庭和父母而言。这种柔性方式也是一种策略化的转译，即根据实际情况，灵活选择合适的方式来达成政策目标与个体利益的整合。

第二节　研究建议

一、关于“双减”政策文本

教育政策应相互支持和配套。“双减”政策执行在一定程度上受到来自家庭的阻力。在访谈过程中，一部分家长表达了对中考、高考等教育评价制度配套问题的思考。目前我国在基础教育阶段的分流机制主要依赖中考和高考，而经过多年的改革叠加，依然存在学业分流、学业竞争的累积效应。② 因此，如果“双减”政策的意图之一是减少学业过度竞争的话，那么应该对中考和高考等评价制度进行政策配套，以便政策之间的相互支持。另外，在制定某项教育政策时，也应该综合考察其是否与国家相关教育法律法规的表述相符合，以免出现单个教育政策与国家教育目的之间的冲突。

二、关于“双减”政策执行

（一）如何界定和兼顾教育公平

执行者对“双减”政策的不同转译方式体现了对教育公平的不同理解。教育

① 郑玉飞. 论教育政策的柔性执行［J］. 教育发展研究，2021（1）：64－71.

② 程红艳. 中考与高考制度需要协同变革［J］. 湖南师范大学教育科学学报，2022（4）：1－8，67.

公平是指对所有学生一视同仁还是满足不同学生的需要，这是一个长期存在争议的问题。有研究者认为，“双减”政策的深层逻辑是让教育回归公共性，加强公共教育体系主导地位，增加校内优质资源及选择机会。① 而保障公平是实现教育公共性的基础。教育公平涉及不同认知起点和利益诉求，从法理上进行内涵及特殊规定性分析成为旨在建立公平教育制度之利益诉求的逻辑起点。② 因此国家和政府应进一步界定教育公平或教育机会均等，且将其作为制定和出台教育政策的依据。

（二）如何实现政策评估多元化

政策评估应着重于探寻政策执行背后的个体观念、机制及其错综复杂的关系，而非从简单数据统计之间寻找表面相关性。从功能上看，政策评估有助于推进国家治理体系和治理能力的现代化。③ 多元主义公共政策评估的理念和模式已成为政策评估的主流，政策评估既要进行实证分析又要进行规范分析，既要对事实进行考量又要对价值进行判断。④ 对于教育政策来说，评估也是对教育政策过程及效果的事实判断和价值判断，教育政策评估范式呈现出由实证至建构的转变，评估取向表达了从控制到参与的追求。⑤

“双减”政策评估的多元化可从以下角度出发。一是评估主体多元化，包括不同群体和人员，应特别重视教师、家长、学生的意见。虽然多元主体在监测与评估过程中的地位及所起的作用并不相同，但监测与评估主体多元化是共识。⑥ 可以引导公众积极参与，在评估实践中建立公众参与的规范、标准和制度。政府

---

① 余晖. “双减”时代基础教育的公共性回归与公平性隐忧 [J]. 南京社会科学，2021 (12)：145－153，170.

② 胡劲松. 论教育公平的内在规定性及其特征：法理学的视角 [J]. 中国教育法制评论，2002 (00)：182－191.

③ 彭忠益，石玉. 中国政策评估研究二十年（1998—2018）：学术回顾与研究展望 [J]. 北京行政学院学报，2019 (2)：35－43.

④ 周建国. 公共政策评估多元模式的困境及其解决的哲学思考 [J]. 中国行政管理，2012 (2)：41－44.

⑤ 杜文静，葛新斌. 西方教育政策评估模式的演进及其启示 [J]. 清华大学教育研究，2017 (2)：90－94.

⑥ 范国睿，孙翠香. 教育政策执行监测与评估体系的构建 [J]. 教育发展研究，2012 (5)：54－60.

部门可以加强第三方评估的专业化建设，用法律法规建设来保障第三方机构的权利和权威。二是评估标准多元化，应结合政策评估范式发展，避免单一的“成败”标准。三是评估方法多元化，可以探索不同的方式方法。对于政府机构或第三方评估机构而言，可探讨如何构建“大数据—因果推断”的新型研究路径，为教育政策实施效果评估提供依据。①

三、关于政策执行研究

（一）政策执行研究不应停留于“成败说”

政策执行实际包含三个层面的问题：政治意图和公共需求、文本链和文本丛、常规调整。在政策执行过程中，组织问题又贯穿于执行问题的所有层面。政策执行研究应从关注“成功”和“失败”的话语走向关注执行者的微观行为，应用虚与实的语言代替不正确的“成败说”。②“成败说”是基于曾经被视为政策科学方法论基石的科学合理性理论之上的。而政策研究方法论范式也发生转向，科学合理性理论被一种外延更为宽泛的社会合理性理论所取代，将导致“政策科学”向“政策研究”的转换。③

个体在制度下的生活并非“成败”所能表述的。个体与制度的关系也是复杂的。“实际上，制度的最终变化（我们现在能观察到的仅仅是其基本形态而已），均是由下而上。这是生活的压力使然，而并不是先于生活，指导生活，把变化强加于生活。”“历史经验告诉我们，个人生活的任何一个有意义的出发点，都具有某种普遍性……（这个出发点）它不仅是表达了个人对他们自己、为他们自己的内倾的、自我满足的责任感，而是对全世界、为全世界的责任感。”④

---

① 郭娇，吴寒天. 大数据时代的因果推断：教育政策评估的新路径［J］. 重庆高教研究，2022（4）：39－48.

② 赵锋. 何谓政策执行：虚与实的语言［J］. 中国研究，2020（2）：181－202，272.

③ 周超. 当代西方政策科学方法论的范式转向［J］. 武汉大学学报（哲学社会科学版），2005（4）：529－534.

④ 哈维尔. 无权力者的权力［M］. 张勇进，等译. 台北：左岸文化出版社，2003：141.

在政策执行研究中引入“转译”概念，目的正是让研究超越“成败说”，从而关注活生生的个体和生活世界。

（二）研究方法可更加多元化

教育政策执行的复杂性有多种体现，如政策类型、执行情境等，但最终取决于执行者个体，即个体在具体政策执行情境中的接受程度和行为选择。新制度主义、利益相关者理论、复杂性理论、公共选择理论、现象学及社会学等逐渐成为研究者分析教育政策执行的视角。个体的行为受多方面因素影响，可从不同学科、不同理论出发进行研究。在教育政策执行研究中应引入不同于传统研究范式的新思路，关注教育政策执行微观层面的具体个体，观察其言论、心理状态、行为倾向和选择。在教育政策执行相关研究方法的选择上也可更多元化、多层次和多视角。本书使用的批判话语分析即为一种视角，且是整合的视角，因为批判话语分析跨学科的研究范式势必涉及一种“翻译”过程，即减少不同学科理论在研究及逻辑对象上的差异。①

第三节　不足与展望

一、未能关注到随迁子女的“双减”政策执行情况

近几十年来，我国因大规模人口流动而出现了农民工随迁子女和留守儿童问题，长期以来，“减负”和校外培训相关研究等容易忽视城市的随迁子女和乡村的留守儿童。不少研究者认为，这部分群体的父母不具备送孩子去辅导班的经济实力，因此不具备研究意义。因受写作时间、研究资源等限制，本书的调研对象也未能关注到此类群体。

---

① 何永成．融合与内化：兼评伯恩斯坦、布迪厄对批判话语分析的理论贡献［J］．温州大学学报（社会科学版），2007（2）：86－91.

广州作为超大城市，存在大量务工人员及随迁子女。对随迁子女而言，国家虽进行了户籍改革，也制定了进城务工人员随迁子女教育政策，但多数农民工家庭难以承担公立学校高昂的借读等费用。[①] 本书调查的三所学校都是公办小学，学生基本为城市居民，家庭经济等情况较好。所调查家庭的年收入为20万至50万元。此部分家庭仅能代表城市的中间阶层，虽然比较具备代表性，但“双减”政策研究应关注更多群体，特别是弱势群体。关注随迁子女的校外培训情况和“双减”执行情况，也是笔者未来研究努力的方向。

二、如何处理与“双减”政策相关研究的关系

“双减”是近几年的热点话题，在本书研究开展过程中，不断有“双减”相关研究论文发表，其从不同角度对“双减”政策进行解读、评估、提供执行建议等。这一情况在一定程度上会给笔者带来压力和困扰，如何避免与其他研究主题重复和交叉成了写作过程中必须面对和处理的问题。

一项教育政策出台后，政府部门一般会在执行过程中进行政策评估，评估可能由教育行政部门进行，更有可能委托高校智库或科研机构进行。基于研究者资源和条件限制，本书很难像上述机构一样做大范围的调研和测评，对政策进行评估，并提出对策和建议。另外，研究过程中笔者持续关注目前中文期刊“双减”相关文章的发表情况，并及时调整研究思路，尽量避免与已发表的研究论文主题重合或结论相同。这也是本书将研究要点选定在“转译”上的重要原因。

三、研究展望

在后续研究上，可以对“转译”做进一步界定和扩展，并结合行动者网络理论的相关研究，将“转译”作为政策执行研究的一个核心概念，围绕“转译”来建构政策执行网络，并进行理论深化，从哲学、语言学、社会学等角度对“转译”进行多角度、多层次的阐释。

---

① 刘敏．人口流动新形势下的公共服务问题识别与对策研究［J］．宏观经济研究，2019（5）：42－50.

参考文献

［1］韦伯. 社会科学方法论［M］. 韩水法，莫西，译. 北京：中央编译出版社，1998：汉译本序.

［2］苏国勋. 理性化及其限制：韦伯思想引论［M］. 上海：上海人民出版社，1988：258－259.

［3］陈振明. 政策科学：公共政策分析导论［M］. 2 版. 北京：中国人民大学出版社，2003：347.

［4］刘惠. 学校日常生活中的政策呈现：教育政策执行研究的新立场［J］. 教育科学研究，2018（4）：36－40.

［5］刘惠. 教育政策执行研究：内容、理论及发展趋势——基于文献综述的分析［J］. 教育科学研究，2015（6）：35－39.

［6］黄忠敬. 教育政策研究：传统、视角与方法［J］. 南京师大学报（社会科学版），2021（6）：27－37.

［7］MAGUIRE M，BALL S. Researching Politics and the Politics of Research：Recent Qualitative Studies in the UK［J］. International Journal of Qualitative Studies in Education，1994（3）：269－285.

［8］RIZVI F，LINGARD B. Globalizing Education Policy［M］. Oxon：Routledge，2010：58－60.

［9］PRESSMAN J L，WILDAVSKY A B. Implementation：How Great Expections in Washington Are Dashed in Okaland［M］. Berkeley，CA：University of California Pressman，1973.

［10］HUPE P，SAETREN H. The Sustainable Future of Implementation Research: On the Development of the Field and It's paradoxes [J]. Public Policy and Administration, 2014, 19 (2): 77 -83.

[11] FRANCES C F. Policy Studies for Educational Leaders: An Introduction [M]. Harlow: Perason Education Limited, 2014: 203 -217.

[12] 王明宾. 美国教育政策执行研究述评 [J]. 江苏教育学院学报（社会科学版）, 1997 (4): 16 -19.

[13] 邓旭. 教育政策执行研究: 趋势、内容与视角——基于对我国教育政策执行研究文献的分析 [J]. 当代教育科学, 2010 (5): 19 -23.

[14] 祁占勇, 王佳昕. 教育政策执行研究热点的研究领域及其展望 [J]. 当代教育科学, 2017 (5): 86 -90.

[15] DATNOW A, PARK V. Conceptualizing Policy Implementation [M] // GARY S, et al. Handbook of Education Policy Research. New York: Routledge, 2009: 348 -352.

[16] 范国睿, 孙翠香. 教育政策执行监测与评估体系的构建 [J]. 教育发展研究, 2012 (5): 54 -60.

[17] 宁骚. 公共政策学 [M]. 北京: 高等教育出版社, 2003: 392.

[18] 袁振国. 教育政策学 [M]. 南京: 江苏教育出版社, 2001: 245 -264, 286.

[19] 孙绵涛. 教育政策学 [M]. 武汉: 武汉工业大学出版社, 1997: 10, 145.

[20] 石火学, 俞兆达. 大学治理现代化进程中教育政策执行偏离及其控制 [J]. 现代教育管理, 2018 (12): 31 -35.

[21] KOHN A. The Homework Myth: Why Our Kids Get Too Much of a Bad Thing [M]. Cambridge, MA: Da Capo Press, 2006: 121.

[22] COOPER H. Homework for All-in Moderation [J]. Educational Leadership, 2001 (7): 34 -38.

[23] 刘合荣. 学业负担问题: 理性的事实判断与缓解策略 [J]. 教育研究与实验, 2008 (5): 7 -12.

［24］沈汝发. 南京市中小学减负情况调查与分析［J］. 青年研究，2000 (7)：1-9.

［25］杨欣. 小学减负喜忧参半背后的对策探究：基于108所小学减负落实情况的调查［J］. 中国教育学刊，2019 (8)：6-12.

［26］丁亚东，孟敬尧，马鹏跃. “双减”政策能缓解家长教育焦虑吗［J］. 教育发展研究，2022，42 (22)：30-39.

［27］付卫东，张杉. “双减”背景下课后服务促进学生身心健康发展了吗?——基于东中西部6省30个县（区）的实证研究［J］. 教育科学研究，2023 (1)：14-21.

［28］董辉，张海蓉. 学校如何讲述“双减”的故事：基于微信推文的政策叙事分析［J］. 教育发展研究，2022，42 (22)：10-19.

［29］曾荣光. 教育政策行动：解释与分析框架［J］. 北京大学教育评论，2014，12 (1)：68-89，189-190.

［30］王岫庐. 行动者网络翻译研究［J］. 上海翻译，2019 (2)：14-20.

［31］CALLON M. Struggles and Negotiations to Define What is Problematic and What is Not：The Socio-logic of Translation［M］//KNORR K D，et al. The Social Process of Scientific Investigation：Sociology of the Sciences Yearbook. Dordrecht and Boston：Reidel，1980：211.

［32］LATOUR B. Science in Action：How to Follow Scientists and Engineers through Society［M］. Cambridge，MA：Harvard University Press，1987：117.

［33］辞海编辑委员会. 辞海：第六版彩图本［M］. 上海：上海辞书出版社，2009：2937.

［34］中国社会科学院语言研究所词典编辑室. 现代汉语词典［M］. 7版. 北京：商务印书馆，2016：1186，1680，1722.

［35］谢明. 公共政策导论［M］. 北京：中国人民大学出版社，2004：165.

［36］吴志宏，陈韶峰，汤林春. 教育政策与教育法规［M］. 上海：华东师范大学出版社，2003：59.

［37］娄立志. 关于学生学业负担的理性思考［J］. 教育理论与实践，1999

(9)：21－26.

［38］邬志辉. 关于学生负担问题的深层次思考［J］. 课程·教材·教法，1998（1）：14－16.

［39］鲁林岳. 综合辩证论“减负”［J］. 教育研究，2007（5）：69－72.

［40］马开剑，杨春芳. “减负”的内涵与视角［J］. 当代教育科学，2015（14）：50－53.

［41］胡惠闵，王小平. 国内学界对课业负担概念的理解：基于500篇代表性文献的文本分析［J］. 教育发展研究，2013，33（6）：18－24.

［42］BUZELIN H. Sociology and Translation Studies［M］//MILLÁN C，BARTRINA F. The Routledge Handbook of Translation Studies. London & New York：Routledge，2013：186－200.

［43］Smith T B. The Policy Implementation Process［J］. Policy Sciences，1973，4（2）：197－209.

［44］张金马. 公共政策分析：概念·过程·方法［M］. 北京：人民出版社，2004：390－391.

［45］郭明哲. 行动者网络理论（ANT）：布鲁诺·拉图尔科学哲学研究［D］. 上海：复旦大学，2008：84－86，88.

［46］LATOUR B. Postmodern? No，Simply Amodern! Steps toward an Anthropology of Science［J］. Studies in History and Philosophy of Science，1990，21（1）：145－171.

［47］谢元. 基于行动者网络理论视角下的村支书乡村治理研究：以苏南阳县花山片区为例［D］. 南京：南京大学，2018：27－28.

［48］索绪尔. 普通语言学教程［M］. 高名凯，译. 北京：商务印书馆，1980：29，38.

［49］艾柯. 符号学理论［M］. 卢德平，译. 北京：中国人民大学出版社，1990：18－19.

［50］孙慧. 符号的衍义与意义的生成：安贝托·艾柯的符号学理论［J］. 求索，2013（4）：177－179.

［51］佟颖．社会符号学理论溯源［J］．外语学刊，2010（6）：142－144．

［52］袁方，王汉生．社会研究方法教程：重排本［M］．北京：北京大学出版社，2013：前言．

［53］孙绵涛，冯宏岩．教育政策研究范式及其方法论探析［J］．现代教育管理，2020（2）：17－24．

［54］杨善华，孙飞宇．作为意义探究的深度访谈［J］．社会学研究，2005（5）：53－68，244．

［55］胡中锋，黎雪琼．论教育研究中质的研究与量的研究的整合［J］．华南师范大学学报（社会科学版），2006（6）：94－100，160．

［56］胡中锋，黎雪琼．论教育研究中质的研究者［J］．华南师范大学学报（社会科学版），2005（4）：110－114，134，160－161．

［57］朱奇莹．无可逃遁的思考邀请：读《把自己作为方法——与项飙谈话》［J］．书屋，2021（5）：60－62．

［58］张静．案例分析的目标：从故事到知识［J］．中国社会科学，2018（8）：126－142，207．

［59］WHITE L G．Policy Analysis as Discourse［J］．Journal of Policy Analysis and Management，1994（3）：506－525．

［60］张海柱．西方公共政策话语研究：回顾与展望［J］．公共管理与政策评论，2013，2（4）：67－77．

［61］GLASER B G．Theoretical Sensitivity：Advances in the Methodology of Grounded Theory［M］．Mill Valley：Sociology Press，1978：62．

［62］科宾，施特劳斯．质性研究的基础：形成扎根理论的程序与方法：第三版［M］．朱光明，译．重庆：重庆大学出版社，2015：v．

［63］林小英．教育政策变迁中的策略空间［M］．北京：北京大学出版社，2012：22－25．

［64］左璜，黄甫全．行动者网络理论的社会科学方法论意蕴［J］．自然辩证法研究，2013（9）：60－65．

［65］吕志奎．公共政策工具的选择：政策执行研究的新视角［J］．太平洋

学报，2006（5）：7－16.

［66］豪利特，拉米什．公共政策研究：政策循环与政策子系统［M］．庞诗，等译．北京：生活·读书·新知三联书店，2006：141－169.

［67］黄忠敬．教育政策工具的分类与选择策略［J］．国家教育行政学院学报，2008（8）：47－51.

［68］RHODES R A W. Understanding Governance：Policy Networks，Governance，Reflexivity and Accountability［M］. Buckingham，Philadelphia：Open University Press，1997：136－142.

［69］O' TOOLE L J. Treating Networks Seriously：Practical and Research-based Agendas in Public Administration［J］. Public Administration Review，1997（1）：45－53.

［70］GRANTHAM A. How Networks Explain Unintended Policy Implementation Outcomes：the Case of UK Rail Privatization［J］. Public Administration，2001（4）：851－870.

［71］陈静，黄萃，苏竣．政策执行网络研究：一个文献综述［J］．公共管理评论，2020，2（2）：105－126.

［72］MANDELL M. Application of Network Analysis to Implementation of Complex Project［J］. Human Relations，1984（7）：659－679.

［73］常健，翟秋阳．论政策执行过程中的职权冲突及其化解［J］．中国行政管理，2007（11）：17－20.

［74］KARIN I，PHILIP L. Structural and Institutional Determinants of Influence Reputation：A Comparison of Collaborative and Adversarial Policy Networks in Decision Making and Implementation［J］. Journal of Public Administration Research and Theory. 2016，26（1）：1－18.

［75］杨聚鹏．教育政策执行者的行为研究述评：模式、影响、规制［J］．现代教育管理，2016（11）：46－50.

［76］SABATIER P，MAZMANIAN D. The Implementation of Public Policy：A Framework of Analysis［J］. Policy Studies Journal，2005（4）：540.

［77］O' TOOLE L J. Research on Policy Implementation：Assessment and Prospects［J］. Journal of Public Administration Research and Theory，2000（2）：263－288.

［78］毕正宇. 我国教育政策执行受阻的执行者原因探析：以农村中小学教师政策执行为例［J］. 滁州学院学报，2008，10（6）：76－79.

［79］张才新. 政策失真的执行者因素探析［J］. 云南行政学院学报，2003（1）：66－69.

［80］涂欣. 透视校外中小学教育培训机构［J］. 广西梧州师范高等专科学校学报，2004（4）：44－47.

［81］赵东山. 教培行业：告别与新生［J］. 中国企业家，2022（1）：40－42.

［82］李里峰. 政策运作的辩证逻辑：战后中国共产党土地政策的演变与执行［J］. 江海学刊，2012（1）：161－168，239.

［83］李治安. 秦汉以降编民耕战政策模式初探［J］. 文史哲，2018（6）：5－23，163.

［84］李治安. 中近古“士农工商”较自由发展政策模式探研［J］. 文史哲，2019（1）：23－39，165.

［85］陈学文. 明中叶以来“士农工商”四民观的演化：明清恤商厚商思潮探析［J］. 天中学刊，2011，26（3）：108－111.

［86］黄德海. 权力、政策与经济增长的动力［J］. 经济评论，2002（6）：43－47，62.

［87］田红媛. 从教培到出版，开启职业生涯新赛道［N］. 中国出版传媒商报，2022－09－23（14）.

［88］广州日报. “双减”半年 广州义务教育阶段学科类线下课外培训机构压减96.7%［EB/OL］.（2022－01－07）［2022－05－08］. https://www.gz.gov.cn/jj2022gzlhzt/lhgjc/msgz/content/post_8019466.html.

［89］陈雄飞. 大学生对德育课程认同感的调查研究：以“思想道德修养课程”为案例［D］. 广州：华南师范大学，2005.

［90］萧宗六. 学校管理学［M］. 4版. 北京：人民教育出版社，2008：62－80.

［91］劳凯声．教育法学［M］．沈阳：辽宁大学出版社，2000：128.

［92］广州日报．“双减”一年显成效 逾七成家长认可校内课后服务［EB/OL］．（2022－09－03）［2022－10－08］．https://www.gz.gov.cn/zwfw/zxfw/jyfw7/content/post_8549210.html.

［93］广州日报．直击“双减”下的第一次期末考［EB/OL］．（2022－01－05）［2022－05－08］．https://www.gz.gov.cn/zwfw/zxfw/jyfw7/content/post_8004651.html.

［94］广州日报．“双减”政策实施满一年 广州多所学校积极创新 让学习更高效［EB/OL］．（2022－07－24）［2022－09－08］．https://www.gz.gov.cn/zwfw/zxfw/jyfw7/content/post_8445074.html.

［95］李秋高．在伦理与法理之间：一种古老权利的重新构造——家庭权法律问题初步研究［J］．北京理工大学学报（社会科学版），2011（1）：106－110.

［96］贾伟，邓建中，蔡其勇．利益相关者视域下我国中小学生减负的博弈困境及突破对策［J］．中国电化教育，2021（9）：51－58.

［97］林小英．分析归纳法和连续比较法：质性研究的路径探析［J］．北京大学教育评论，2015，13（1）：16－39，188.

［98］威利斯．学做工：工人阶级子弟为何继承父业［M］．秘舒，凌旻华，译．南京：译林出版社，2013：6－7.

［99］康永久，程猛．洞察、文化生产与循规：对威利斯《学做工》的再审视［J］．教育研究与实验，2021（5）：1－11.

［100］杨可．母职的经纪人化：教育市场化背景下的母职变迁［J］．妇女研究论丛，2018（2）：79－90.

［101］钱理群．北大清华再争状元就没有希望［N］．中国青年报，2012－05－03（3）.

［102］王艳，赵冰．精致利己主义的欺骗性及其批判［J］．伦理学研究，2022（4）：134－140.

［103］刘铁芳，刘艳侠．精致的利己主义症候及其超越：当代教育向着公共生活的复归［J］．高等教育研究，2012，33（12）：1－8.

[104] 霍布斯. 利维坦 [M]. 黎思复，黎廷弼，译. 北京：商务印书馆，1985：97，132.

[105] HOBBES T. The Elements of Law, Natural and Politic [M]. Oxford: Oxford University Press, 1994: 107.

[106] 杨笛，金一虹. 教育母职化与母职的焦虑 [J]. 社会建设，2022，9 (1)：25－35，85.

[107] 雷望红. 中国城乡母职形象何以分化："教育家庭化"中的城市"虎妈"与农村"猫妈" [J]. 探索与争鸣，2020 (10)：48－156，160.

[108] 黄斌，何沛芸，朱宇，等. 基于父母教育背景的中国家庭校外教育支出分化：兼论家庭需求视角下"双减"政策实施的优化 [J]. 中国教育学刊，2022 (4)：19－28.

[109] 刘钧燕. 家庭校外培训需求动因及对落实"双减"政策的启示 [J]. 全球教育展望，2021 (11)：85－98.

[110] 张新平. 教育政策概念的规范化探讨 [J]. 湖北大学学报 (哲学社会科学版)，1999 (1)：92－96.

[111] 周利敏，谢小平. 从"权力再制"到"文化再制"：教育实践中的符码逻辑——伯恩斯坦符码理论框架下的教育不平等问题 [J]. 广州大学学报 (社会科学版)，2008 (4)：68－72.

[112] 吉登斯. 社会学：批判的导论 [M]. 郭忠华，译. 上海：上海译文出版社，2013：583－584.

[113] KEFALYEW F. The Reality of Child Participation in Research [J]. Childhood, 1996 (2): 203－213.

[114] 汪雄. 教育目的的双重性对教育法的影响 [J]. 财经法学，2018 (4)：89－101.

[115] 黄文艺. 作为一种法律干预模式的家长主义 [J]. 法学研究，2010，32 (5)：3－17.

[116] 史秋霞，王开庆. 做好父母：家长主义浪潮下的教养困境——基于畅销杂志读者来信的文本分析 [J]. 当代青年研究，2021 (2)：13－19.

［117］何彩平，赵芳．父母教养方式对儿童参与的影响［J］．当代青年研究，2021（4）：46－52．

［118］马晓琴，曾凡林，陈建军．儿童参与权和童年社会学［J］．当代青年研究，2006（11）：47－51．

［119］曾凡林，马晓琴，周淼．青少年视野中的儿童参与状况调查［J］．青少年犯罪问题，2006（5）：25－30，21．

［120］Tomanovic S. Young People's Participation within the Family：Parents Accounts［J］. The International Journal of Children's Rights，2000（2）：51－71.

［121］王乐．学校生活中儿童闲暇的自由失度与重构［J］．基础教育，2020，17（2）：45－51，60．

［122］孔斯，休格曼．教育选择：家庭的权利与责任［M］．王佳佳，程接力，韦珠祎，译．桂林：广西师范大学出版社，2018：36，46．

［123］O' NEILL O. Children's Rights and Children's Lives［J］. Ethics，1988（3）：445－463.

［124］程亮．儿童利益及其教育意义［J］．教育研究，2018，39（3）：20－26．

［125］尹力．试论父母教育权的边界与内容［J］．清华大学教育研究，2012，33（5）：41－46．

［126］胡金木．儿童参与式民主生活的建构：必要与可能［J］．安徽师范大学学报（人文社会科学版），2020，48（6）：120－127．

［127］KELLETT M. Rethinking Children and Research：Attitudes in Contemporary Society［M］. London：Continuum International Publishing Group，2010：110.

［128］丁道勇．儿童的日常参与：一种观察教育的视角［J］．教育发展研究，2016（20）：59－65．

［129］何永成．融合与内化：兼评伯恩斯坦、布迪厄对批判话语分析的理论贡献［J］．温州大学学报（社会科学版），2007（2）：86－91．

［130］BERNSTEIN B. The Structuring of Pedagogic Discourse：Class，Codes and Control（vol Ⅵ）［M］. London：Routledge，1990：15－17.

［131］方芳，孙彩平．“双减”政策的身体视角解读：重拾对儿童身体的教

育关怀［J］. 中国电化教育，2022（7）：73－79.

［132］杜本峰，廖梦琦，茹愉焙，等. 家庭关怀度对困境家庭儿童受欺凌风险的影响［J］. 青年研究，2021（2）：73－81，96.

［133］COCKS J. The Ethics of Care：Personal，Political，and Global（Book Reviews）［J］. Perspective on Politics，2006（4）：755－757.

［134］杜威. 确定性的寻求：关于知行关系的研究［M］. 傅统先，译. 上海：上海人民出版社，2004：1－2.

［135］卢崴诩. 编织人与物的创造力：一个探索生活秩序形构历程的社会学方法论［J］. 社会科学，2022（5）：150－158.

［136］罗峰，崔岩珠. 行动者转译偏差：政策执行何以陷入"困局"？——以S市托育政策执行为例［J］. 甘肃行政学院学报，2020（2）：4－15，124.

［137］CHRISTOPH K，TOSUN J. Public Policy：A New Introduction［M］. London：Macmillan Education UK，2020：122－124.

［138］MATLAND R E. Synthesizing the Implementation Literature：The Ambiguity-Conflict Model of Policy Implementation［J］. Journal of Public Administration Research and Theory，19955（2）：145－174.

［139］陈丽君，傅衍. 我国公共政策执行逻辑研究述评［J］. 北京行政学院学报，2016（5）：37－46.

［140］PRESSMAN J，WILDAVSKY A. Implementation［M］. Berkeley：University of California Press，1973：98－112.

［141］古德诺. 政治与行政：一个对政府的研究［M］. 王元，译. 上海：复旦大学出版社，2011：11.

［142］李元. 公共政策的行政性执行和政治性执行研究：基于华中A县教育政策执行的案例分析［D］. 上海：上海交通大学，2016：28.

［143］王沪宁. 政治的逻辑：马克思主义政治学原理［M］. 上海：上海人民出版社，2004：281－283.

［144］殷华方，潘镇，鲁明泓. 中央—地方政府关系和政策执行力：以外资产业政策为例［J］. 管理世界，2007（7）：22－36.

［145］龚虹波．执行结构—政策执行—执行结果：一个分析中国公共政策执行的理论框架［J］．社会科学，2008（3）：105－111，190.

［146］郑玉飞．论教育政策的柔性执行［J］．教育发展研究，2021，41（1）：64－71.

［147］程红艳．中考与高考制度需要协同变革［J］．湖南师范大学教育科学学报，2022，21（4）：1－8，67.

［148］余晖．“双减”时代基础教育的公共性回归与公平性隐忧［J］．南京社会科学，2021（12）：145－153，170.

［149］胡劲松．论教育公平的内在规定性及其特征：法理学的视角［J］．中国教育法制评论，2002（00）：182－191.

［150］彭忠益，石玉．中国政策评估研究二十年（1998—2018）：学术回顾与研究展望［J］．北京行政学院学报，2019（2）：35－43.

［151］周建国．公共政策评估多元模式的困境及其解决的哲学思考［J］．中国行政管理，2012（2）：41－44.

［152］杜文静，葛新斌．西方教育政策评估模式的演进及其启示［J］．清华大学教育研究，2017，38（2）：90－94.

［153］郭娇，吴寒天．大数据时代的因果推断：教育政策评估的新路径［J］．重庆高教研究，2022，10（4）：39－48.

［154］赵锋．何谓政策执行：虚与实的语言［J］．中国研究，2020（2）：181－202，272.

［155］周超．当代西方政策科学方法论的范式转向［J］．武汉大学学报（哲学社会科学版），2005（4）：529－534.

［156］哈维尔．无权力者的权力［M］．张勇进，等译．台北：左岸文化出版社，2003：141.

［157］刘敏．人口流动新形势下的公共服务问题识别与对策研究［J］．宏观经济研究，2019（5）：42－50.

附录一

广州市 “双减” 政策相关文件与典型案例

（截至 2022 年 12 月 30 日）

一、“双减”政策相关文件

1.《校外培训机构规范办学行为提示书》（广州市教育局；2021 年 5 月）

2.《警惕校外培训机构风险提示书》（广州市教育局；2021 年 7 月 17 日）

3.《广州市教育局关于开展暑期校外培训机构联合执法检查的通告》（广州市教育局；2021 年 7 月 22 日）

4.《广州市教育局关于做好减轻义务教育阶段学生校外培训负担工作的通知》（广州市教育局；2021 年 8 月 13 日）

5.《广州市教育局关于切实减轻义务教育阶段学生作业负担提高教学质量的通知》（广州市教育局；2021 年 8 月 26 日）

6.《关于做好我市面向义务教育阶段学生的学科类校外培训机构统一登记为非营利性机构有关工作的通知》（广州市教育局、广州市民政局、广州市市场监督管理局、广州市税务局；2021 年 9 月 23 日）

7.《校外培训机构学科类和非学科类项目鉴定工作指引》（广州市教育局；2021 年 11 月 10 日）

8.《广州市校外培训机构预收费资金监管办法（试行）》（广州市教育局、广州市发展和改革委员会、广州市市场监督管理局、广州市地方金融监督管理局、中国人民银行广州分行、广东银保监局；2021 年 11 月 18 日）

9.《广州市教育局关于推进义务教育阶段学生减负全力做好校内课后服务工作的通知》（广州市教育局；2022 年 1 月 7 日）

10.《广州市教育局关于开展义务教育阶段学科类校外培训治理“回头看”工作的通知》（广州市教育局；2022 年 4 月 12 日）

11.《广州市科普资源助力“双减”工作落地行动计划（2022—2024 年）》（广州市教育局、广州市科学技术局、广州市科学技术协会；2022 年 4 月 27 日）

12.《广州市校外培训社会监督员工作管理办法》《广州市教育局关于成立校外培训社会监督队伍的通知》（广州市教育局；2022 年 5 月）

13.《广州市教育局倡议学生家长减轻暑假学生校外培训负担》（广州市教育局；2022 年 7 月 2 日）

二、“双减”工作典型案例

1.《广州市教育局关于推广“双减”工作典型案例的通知》（广州市教育局；2021 年 11 月 10 日；http://jyj.gz.gov.cn/yw2/jyfw/ywjy/content/post_7975115.html）

2.《广州市教育局关于推广第二批“双减”工作典型案例的通知》（广州市教育局；2021 年 12 月 7 日；http://jyj.gz.gov.cn/yw2/jyfw/ywjy/content/post_7975114.html）

3.《广州市教育局关于推广第三批“双减”工作典型案例的通知》（广州市教育局；2022 年 1 月 5 日；http://jyj.gz.gov.cn/zt/shuangjian/dxal/content/post_8134223.html）

4.《广州市教育局关于推广第四批“双减”工作典型案例的通知》（广州市教育局；2022 年 3 月 4 日；http://jyj.gz.gov.cn/zt/shuangjian/dxal/content/post_8134224.html）

5.《广州市教育局关于推广我市第五批“双减”工作典型案例的通知》（广州市教育局；2022 年 4 月 21 日；http://jyj.gz.gov.cn/zt/shuangjian/dxal/content/post_8207116.html）

6.《广州市教育局关于宣传推广“双减”工作一周年案例暨市级第六批“双减”典型案例的通知》（广州市教育局；2022 年 7 月 15 日；http://jyj.gz.gov.cn/zt/shuangjian/dxal/content/post_8427837.html）

附录二

问卷大纲

“双减”政策执行教师问卷大纲（不含指导语等）

［基本信息］

1. 您的性别是（　　）。　A. 男性　B. 女性

2. 您所执教的年级是（　　）。

A. 一年级　B. 二年级　C. 三年级　D. 四年级　E. 五年级　F. 六年级

3. 您所执教的学科是____________。

4. 您是否担任班主任工作？（　　）　A. 担任　B. 不担任

5. 您的教龄有____________年。

6. 您所在的学校属于____________区。

一、对“双减”政策的态度

5 指最肯定的评价，1 指最否定的评价，3 表示没有明确倾向的中性态度。

1. 满意的	5	4	3	2	1	不满意的
2. 有价值的	5	4	3	2	1	无价值的
3. 明智的	5	4	3	2	1	可笑的
4. 自由的	5	4	3	2	1	限定的
5. 理性的	5	4	3	2	1	鲁莽的
6. 务实的	5	4	3	2	1	理想化的
7. 有效的	5	4	3	2	1	无效的
8. 必要的	5	4	3	2	1	没必要的

二、影响“双减”政策态度和行为的因素

1.“双减”政策的决策形式和执行模式影响了我的态度和行动。

5 完全同意 4 比较同意 3 不确定或中立 2 比较不同意 1 完全不同意

2. 学生非常赞成和支持“双减”政策。

5 完全同意 4 比较同意 3 不确定或中立 2 比较不同意 1 完全不同意

3.“双减”是现阶段必须采取的措施，学生的课外培训确实多。

5 完全同意 4 比较同意 3 不确定或中立 2 比较不同意 1 完全不同意

4. 您的教育教学理念与“双减”政策理念一致。

5 完全同意 4 比较同意 3 不确定或中立 2 比较不同意 1 完全不同意

5.“双减”之后，学生更加全面、健康发展。

5 完全同意 4 比较同意 3 不确定或中立 2 比较不同意 1 完全不同意

6.“双减”政策对教师的课堂教学能力等有较高要求。

5 完全同意 4 比较同意 3 不确定或中立 2 比较不同意 1 完全不同意

7.“双减”之后，社会对教师有较高期望和要求，教师有一定负担。

5 完全同意 4 比较同意 3 不确定或中立 2 比较不同意 1 完全不同意

8.“双减”工作还需要配套跟进教师评价和薪酬机制改革。

5 完全同意 4 比较同意 3 不确定或中立 2 比较不同意 1 完全不同意

三、对“双减”政策的意见和建议：________________________________

“双减”政策执行家长问卷大纲（不含指导语等）

[基本信息]

1. 您的性别是（　　）。 A. 男性 B. 女性

2. 您有（　　）个小孩。 A. 0 个 B. 1 个 C. 2 个 D. 3 个及以上

3. 您孩子所在的年级是（　　）。（若您有 2 个及以上小孩，选择其中一个孩子所在年级即可）

A. 一年级 B. 二年级 C. 三年级 D. 四年级 E. 五年级 F. 六年级

4. 您孩子就读的学校位于___________。

5. 您家庭的年收入大概为（　　）。

A. 20 万元及以下　　B. 21 万～49 万元

C. 50 万～99 万元　　D. 100 万元及以上

一、对“双减”政策的态度

5 指最肯定的评价，1 指最否定的评价，3 表示没有明确倾向的中性态度。

1. 满意的	5	4	3	2	1	不满意的
2. 有价值的	5	4	3	2	1	无价值的
3. 明智的	5	4	3	2	1	可笑的
4. 自由的	5	4	3	2	1	限定的
5. 理性的	5	4	3	2	1	鲁莽的
6. 务实的	5	4	3	2	1	理想化的
7. 有效的	5	4	3	2	1	无效的
8. 必要的	5	4	3	2	1	没必要的

二、影响“双减”政策态度和行为的因素

1. 如果可能，您还是希望有校外机构提供学科培训。

5 完全同意　4 比较同意　3 不确定或中立　2 比较不同意　1 完全不同意

2. 孩子非常支持“双减”政策，会以“双减”政策为由拒绝学科培训和额外作业。

5 完全同意　4 比较同意　3 不确定或中立　2 比较不同意　1 完全不同意

3. “双减”政策有利于家庭和谐，改善亲子关系。

5 完全同意　4 比较同意　3 不确定或中立　2 比较不同意　1 完全不同意

4. “双减”政策与您对孩子成长的希望和设想方向基本一致。

5 完全同意　4 比较同意　3 不确定或中立　2 比较不同意　1 完全不同意

5. 您的家庭教育观念与“双减”政策理念一致。

5 完全同意　4 比较同意　3 不确定或中立　2 比较不同意　1 完全不同意

6. “双减”之后，家庭对孩子教育的投入（如时间和财力等）增加。

5 完全同意 4 比较同意 3 不确定或中立 2 比较不同意 1 完全不同意

7. “双减”之后，您感到焦虑。

5 完全同意 4 比较同意 3 不确定或中立 2 比较不同意 1 完全不同意

8. “双减”之后，您担忧孩子的升学问题。

5 完全同意 4 比较同意 3 不确定或中立 2 比较不同意 1 完全不同意

9. “双减”有利于孩子全面发展。

5 完全同意 4 比较同意 3 不确定或中立 2 比较不同意 1 完全不同意

10. “双减”之后，孩子更快乐，身心更健康。

5 完全同意 4 比较同意 3 不确定或中立 2 比较不同意 1 完全不同意

三、对“双减”政策的意见和建议：________________________________

附录三

访谈提纲

“双减”政策执行访谈提纲（政府部门工作人员）

1. 您觉得国家实施“双减”政策的目的和作用是什么？是什么促使国家出台“双减”政策？您如何看待“双减”政策？

2. 您认为这一次“双减”与以往的“减负”是否有不同？若有，不同之处是什么？您为什么这样认为？

3. 您原来在哪个部门工作？教育局在推进“双减”政策的过程中是否有困难？市场监督管理局等其他部门是否配合？

4. 如何开展工作最容易取得人们的认可？您觉得目前“双减”政策实施效果如何？

5. 您如何看待学生和家长对校外辅导的需求？

6. 如果抛开工作身份，作为普通家长，您觉得父母和孩子该如何应对政策变化呢？

“双减”政策执行访谈提纲（教培机构从业人员）

1. 您觉得国家实施“双减”政策的目的和作用是什么？是什么促使国家出台“双减”政策？您如何看待“双减”政策？

2. 您觉得校外辅导与学校教育之间应该是什么关系？校外辅导靠什么吸引家长和学生？您觉得家长出于什么目的或原因送孩子参加培训？您觉得学生参加培训能收获什么？

3. 据您所知，“双减”政策出台之后是否还有其他机构继续开展义务教育阶段学科培训？若有，这些机构是怎么做的？

4. 您了解广州市新制定的线下课外培训收费标准吗？您知道政府出台的其他关于校外培训的文件吗？这些对您所在公司影响大吗？

5. “双减”政策对您的工作和生活是否有影响？您怎么看待教培机构的未来走向？您个人有什么打算？

6. 您觉得教培企业该如何应对政策变化？作为从业人员，个人该如何应对？您对“双减”政策有什么意见和建议？

“双减”政策执行访谈提纲（教师）

1. 您觉得国家实施“双减”政策的目的和作用是什么？目前看来效果如何？

2. 您认为学生有必要参加校外学科培训吗？

3. 您的课堂教学是否受到政策影响？“双减”政策中哪些规定是较难执行的？您如何看待“双减”中的“作业限时令”？

4. “双减”政策出台后学生的学习和成长是否会受到影响？若会，体现在什么方面？若不会，原因是什么？您认为学生哪方面素养的培养更重要？

5. “双减”政策对您的工作和生活是否有影响？若有影响，体现在哪些方面？

6. 作为教师，您觉得该如何应对政策变化？您对“双减”政策实施有什么意见和建议？

“双减”政策执行访谈提纲（家长）

1. 您了解“双减”政策吗？“双减”是什么意思？

2. 您觉得国家实施“双减”政策的目的和作用是什么？

3. 您身边是否有家长在“双减”之后继续送孩子去参加学科培训？您是如何看待的？您会这样做吗？

4. 您有没有发现孩子的作业变少了？您会额外给孩子布置作业吗？若布置的话，您会布置什么？根据什么来布置？孩子的接受情况如何？

5. 您平时会因孩子的学习和教育而感到焦虑吗？

6. 您觉得家庭和家长该如何应对政策变化？您对“双减”政策实施有什么意见和建议？

“双减”政策执行访谈提纲（学生）

1. 你知道“双减”政策吗？你是怎么知道的？你觉得“双减”政策跟你有关系吗？

2. 你知道“政策”是什么意思吗？“双减”又是什么意思？

3. 你觉得国家实施“双减”政策的目的和作用是什么？

4. 你有没有发现同学或者朋友继续去培训机构上课的？如果有的话，他们是去上什么课（科目）？上课的地方在哪里？你觉得他们为什么要去上培训班？这些去上培训班的人成绩跟其他同学相比怎么样？

5. 你有没有觉得学校的作业比以前少了？你完成作业需要多长时间？作业难吗？

6. 父母有另外给你布置作业吗？如果有的话，你觉得父母为什么要给你布置额外的作业？你愿意完成父母布置的作业吗？如果不愿意的话，你会怎么做？

7. 老师会不会跟你们讲“双减”的事情？老师上课跟以前有什么不同？课堂上的练习比以前多吗？

8. 空闲时间你会做些什么？你身边的同学或朋友会做些什么？有没有觉得“双减”政策出台之后玩耍或者看书的时间变多了？

后　记

如果说阅读是生活的避难所，那么书写就是巨浪中的浮木。本书写作基于我的博士学位论文。论文写于 2021 年至 2022 年，其间很多简单的事情变得艰难，比如观察和调研等。阅读和书写让人仿佛找到了栖息的小方舟，可以暂时忘却或躲避艰辛烦恼。小舟能在风浪中顺利靠岸，除了自己的坚持，更要感谢一路帮扶的师友亲朋。

特别感谢家骥和浩歌等小朋友。小朋友们是华南师范大学附属小学 2020 级学生，入学一年后恰逢“双减”。我关于儿童对“双减”政策理解、态度和行为等的认识，主要来自对小朋友们的观察和与小朋友们的交流。儿童对成人世界理解的程度超出我的想象。儿子家骥每晚睡前都会说声“爸爸晚安，好好写你的作业（论文）”。他很好奇为什么爸爸天天做同一个作业却总是做不完，就如同我一直不明白为什么他每阅读一本书都会问该书的作者还在不在世。还好，目前我的“作业”基本完成了。

本书得以顺利出版，一方面要感谢我的工作单位即华南师范大学教育科学学院对本书的支持和资助，另一方面要感谢广东高等教育出版社同人，特别是周景芳主任和刘晓真编辑认真负责和耐心细致的工作。我自己从事期刊出版工作，深知编辑工作的不易。

在写作过程中，我不断思考一个问题，即教育研究领域或具有教育学背景的研究者可以如何做政策研究。我发表的《视域作为教育研究方法——一项关于学术期刊发表中惯用表达的考察》一文，可以看作对这一问题的回应。教育政策是公共政策的一部分，研究者首先应该学习和了解公共政策的理论和研究范式。但教育学背景的研究者与一般公共政策研究者的不同之处在于，前者更了解学校、教师和儿童，对教师和儿童有更深的理解，可以从教师的专业者角色、儿童代表人类未来所蕴含的教育意蕴角度来进一步拓展研究和阐述。公共政策背景的研究者可能更多关注如何解决资源分配、行为规范等问题，而教育学背景的研究者则更多关注教育体系内的问题，就比如我认为可能无法仅仅通过教育体系来解决许多问题，但还是尝试提出某种解决途径，理解和调整自我（包括教育系统和个体行为）。因此，我认为本书中教师部分和儿童部分的论述体现了教育学背景研究者的特性和责任。

马丁·布伯（Martin Buber）说“凡真实的人生皆是相遇”，我的研究也充满“相遇”。研究期间，行动者网络理论奠基人拉图尔先生去世（2022 年 10 月 9 日）。我找出拉图尔先生此前接受采访的视频来观看和缅怀，其间他不停提到英文单词“agency”。巧合的是，当天早上我正好看了一篇介绍“agency”是什么的文章，该文章将其翻译为“能动性”。后来，在悼念国际社会学学会首位女性会长 Margaret Archer 的文章中看到“agency”是 Archer 教授很关心的主题，其多篇著作的标题中就有“agency”。另外，在这篇悼念文章中，还看到了 Anthony King 关于 Giddens 与 Archer 争论的综述文章，King 提出：“不管是 Giddens 还是 Archer，如今都有点儿过时了——还是看 Latour 吧！”（Latour 即布鲁诺·拉图尔。）我由此感叹自己的生活和研究中都体现着能动性，充满着“相遇”。是啊，人类最令人着迷的地方就是自身的能动性，而“相遇”则让世界有了色彩。

最后，我想以马丁·布伯在其自述中的结语作结：“我经常听到人们说他们珍视孤独，但这仅仅是因为仍有一些人在地球上的某处，即使相隔很远。……确实，我时常关上门全神贯注地看书，但这只是因为我再次把门打开时，能看到有人正注视着我。”

陈雄飞